Geckos

gut gepflegt & vital

> Autor: Harald Jes | Fotos: Christine Steimer

Inhalt

Kennenlern-Programm

Eingewöhnungs-Programm

Artgerechte Unterbringung

Fit-und-gesund-Programm

Anhang

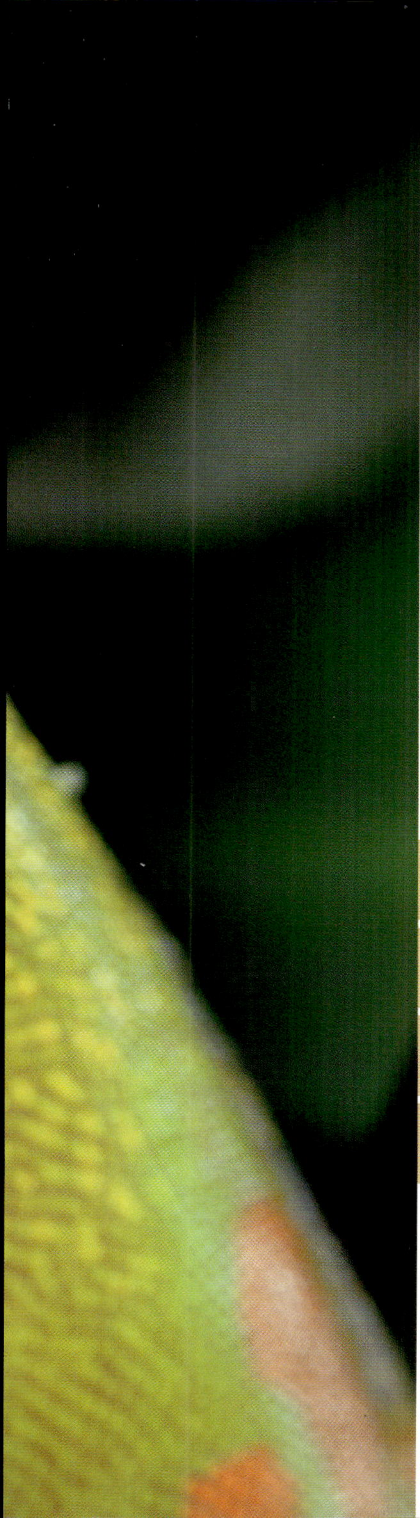

Kennenlern-Programm

Geckos kennen lernen

Seit sich naturbegeisterte Menschen für Reptilien interessierten, wurden auch Geckos in Terrarien gepflegt. Allerdings führten sie eher ein Schattendasein, was bei der größtenteils nächtlichen

Der Krallengecko bewohnt trockene Steinwüsten in Nordamerika.

Lebensweise auch nicht besonders verwundert. Die Situation änderte sich jedoch schlagartig, als Ende der 1950er-Jahre, zunächst nur durch einen Sammler eingeführt, die Taggeckos von der Insel Madagaskar die Terrarien eroberten.

Mehr als 1000 Geckoarten und -unterarten sind inzwischen bekannt, und tatsächlich ist ein Ende noch nicht abzusehen. Da immer mehr einst abgelegene Gebiete vom Verkehr erschlossen und von Terrarianern und Wissenschaftlern bereist werden, gelingt es ihnen relativ häufig, noch unbekannte Arten gerade der nächtlich aktiven »Geister« aufzuspüren.

Bevor wir uns aber mit den Geckos als Terrarienbewohner befassen, zunächst einige Gedanken zu ihrer Verbreitung und den Lebensräumen. Dies ist wichtig, denn Geckos stellen unterschiedliche Ansprüche. Zudem ist großes Wissen über diese Reptiliengruppe nicht nur interessant, sondern kommt vor allem auch dem Gecko als Pflegling im Terrarium zugute.

Die Verbreitung

Geckos kommen rund um den Erdball zwischen dem 50. Grad nördlicher und südlicher Breite vor. Ihre größte Artenvielfalt erreichen sie zwischen dem 30. Grad nördlicher und südlicher Breite, also im äquatorialen Bereich. Die meisten Arten bewohnen kleine, ja kleinste Verbrei-

TIPP

Beitrag zum Artenschutz

Die große Zahl der vor gut 40 Jahren importierten schönen Taggeckos von Madagaskar und den umliegenden Inseln hat zwei Dinge bewirkt:

- Die Terrarianer wurden auf sie aufmerksam.
- Ihre Haltungsbedingungen wurden so verfeinert, dass Wildfänge kaum mehr nötig sind, weil der Bedarf fast durch Terrarien-Vermehrung zu decken ist. Zum Wohle der Tiere, denn weite Teile ihrer Lebensräume wurden durch Brandrodung und Erosion zerstört. Manche Art wird nur durch Haltung in Terrarien überleben.

tungsgebiete mit zum Teil sehr spezifischen Lebensräumen. Andere haben es geschafft, sich weltweit überall dort niederzulassen, wo die ökologischen Voraussetzungen zumindest weitgehend ihrem ursprünglichen Lebensraum entsprachen. Dies wurde sicher dadurch möglich, dass sich nachtaktive Geckos in bereitstehendem Frachtgut versteckten. So eroberten sie als blinde Passagiere die anderen Tropenländer – früher wahrscheinlich auf dem Rücken von Kamelen, heutzutage per Schiff oder Flugzeug.

Der Tokeh lebt im Regenwald, kommt aber auch in Siedlungen vor.

Die Lebensräume

Innerhalb ihrer Verbreitung bewohnen die Geckos nahezu alle Lebensräume von den Meeresküsten bis in 2500 Meter Höhe im Gebirge.

Waldbewohner: Viele der Geckoarten leben in den tropischen Regenwäldern des Tieflands in einem relativ konstanten Klima, andere in den nebelfeuchten Bergwäldern, wo unterschiedliche Temperaturen herrschen. Wieder andere Arten bewohnen lichte Tropen- und Savannenwälder mit wechselnden Temperaturen und periodischen Niederschlägen. Die Waldbewohner sind aber nicht überall im Wald zu finden. Je nach Art leben sie am feuchten Boden unter Steinen, Totholz und Falllaub oder sie klettern in verschiedenen Höhen an Palmen und Bäumen. Nie aber ist eine Art über die gesamte vertikale Ausdehnung der Urwaldriesen verbreitet.

Arten der Trockengebiete: Diese bewohnen nahezu alle den Boden. Sie leben dämmerungs- und nachtaktiv, um den sengenden Sonnenstrahlen nicht direkt ausgesetzt zu

CHECKLISTE

Sind Sie ein Gecko-Mensch?

Überlegen Sie vorab:

- ✔ Geckos sind keine Kuscheltiere, sie wollen nicht gestreichelt werden.
- ✔ Geckos fressen nicht viel, aber die meisten Arten ernähren sich von lebenden Beutetieren, die Sie verfüttern können müssen. Auch ist die Beschaffung der Nahrung recht aufwändig.
- ✔ Geckos kommen aus tropischen Ländern. Sie brauchen eine spezielle Technik mit engen Temperaturbereichen und hoher Luftfeuchte.
- ✔ Die kleinen Arten haben eine Lebenserwartung von etwa zehn Jahren, die großen leben fast doppelt so lange.

sein. Sowohl der Dünensand als auch die Savanne sind ihr Lebensraum, andere sind im Geröll oder in Felslandschaften beheimatet.
In allen Lebensräumen – die natürlich nicht so deutlich getrennt sind, wie hier beschrieben, sondern in denen es gleitende Übergänge gibt – wurden viele Arten zu Kulturfolgern und leben in den Hütten und Häusern der Menschen, in Palmen- und Bananenhainen sowie auf Mülldeponien, weil gerade dort oft Insektennahrung im Überfluss vorhanden ist.

Der nachtaktive, wenig aggressive Streifengecko lässt sich einfach pflegen.

Das richtige Klima

Bei einer derart weiträumigen Verbreitung, sowohl horizontal wie vertikal, sind große klimatische Unterschiede nahe liegend. Diese zu kennen ist für die Pflege von außerordentlicher Bedeutung, denn Geckos sind wechselwarme Reptilien (→ unten).
Arten, die am Nord- oder Südrand der Gecko-Verbreitung und/oder in größerer Höhe leben, legen während der kühleren oder lichtärmeren Jahreszeiten eine Pseudo-Winterruhe (→ Seite 53) ein. Zu einer Sommerruhe während extrem warmer und trockener Zeiten kommt es bei einigen Arten in Trockengebieten. Dabei vergraben sich die Tiere im Boden.
Derartige Ruhephasen sind nicht überall so intensiv ausgeprägt wie bei den mitteleuropäischen Reptilien. Sie sind aber dennoch für die hormonelle Steuerung vieler Lebensabläufe, etwa der Fortpflanzung, lebenswichtig.

Körpertemperatur

Reptilien sind wechselwarm oder poikilotherm. Das bedeutet, dass sie nicht in der Lage sind, über den körpereigenen Stoffwechsel eine gleichmäßige Körpertemperatur aufrechtzuerhalten. Sie sind von der Umgebungstemperatur abhängig, können aber Wärme mit Hilfe von Sonnenbädern tanken. Nicht nur Taggeckos verhalten sich so, auch manche nachtaktive Arten nutzen in den frühen Abendstunden die letzten wärmenden Sonnenstrahlen, um mit einem »Temperatur-Vorschuss« das nächtliche Leben zu beginnen. Andere suchen gezielt von der Sonne erwärmte Steine und Hölzer auf, um ihre Vorzugstemperatur zu erreichen. Im Terrarium müssen Sie Taggeckos aber, wie allen anderen Reptilien auch, die Möglichkeit zum Ausweichen in kühlere Zonen bieten!

Geister der Nacht – Kinder der Sonne

Ob auf einer Abbildung oder am lebenden Tier, bei einer Begegnung fallen die Augen auf (→ Seite 15), besonders die großen Augen der nachtaktiven Geckos. Sie verleihen dem Kopf ein kindliches Gesicht. Die Augen verraten Einiges über die Lebensweise dieser Echsen, die sich in vielfacher Hinsicht von anderen Echsen unterscheiden.

Die nachtaktiven Arten, zu denen etwa zwei Drittel aller Geckoarten gehören, führen in ihrem natürlichen Lebensraum ein für uns kaum wahrnehmbares Leben. Es sei denn, wir bereisen ihren tropischen Lebensraum und spüren sie nachts mit der Taschenlampe auf, oder wir erleben, wie sie im Zimmer die vom Schein der Lampe angelockten Insekten jagen.
Die Taggeckos der Gattung *Phelsuma* sind wie die meisten Echsen tagaktiv. Sie sind in der Lage, Farben wahrzunehmen. So präsentiert das balzende Männchen auffällige Farbmuster. Bei der Nahrungsaufnahme spielt das sensiblere Tagauge eine Rolle, denn der Taggecko greift auch eine ruhende Beute, während der nachtaktive Gecko die Beute belauert und erst zugreift, wenn sie sich bewegt.

Leopardgeckos juvenil (im Bild links) und adult. Zur typischen Jugendfärbung gehören vier breite, braune Querbänder.

Artenschutz

Von den in diesem Ratgeber genannten Arten sind nur die Taggeckos (Gattung *Phelsuma*) geschützt. Sie stehen in Anhang II des Washingtoner Artenschutzabkommens und Anhang B der Europäischen Artenschutzverordnung. Danach ist deren Haltung bei der zuständigen Naturschutzbehörde anzeigepflichtig, eine besondere Kennzeichnung zur Identitätskontrolle des Tieres ist aber nicht erforderlich. Heben Sie in jedem Fall die Kaufquittung, auf der der wissenschaftliche Name des Tieres vermerkt sein sollte, als Herkunftsnachweis auf, denn Artenschutzbestimmungen können sich auch ändern. Weitere Informationen zum Artenschutz erhalten Sie beim Bundesamt für Naturschutz (BfN, → Seite 60).

Leopardgecko

Eublepharis macularius
(5 Unterarten)

Größe: GL 20 cm, KRL 12 cm.
Verbreitung: Kleinasien, nordwestliches Indien.
Natürlicher Lebensraum: Steppen, Sand- und Steinwüsten.
Verhalten: Wie Krallengecko (→ rechts).
Kennzeichen: Spaltpupille, Augenlid beweglich, Krallen, Jugendfärbung (→ Seite 9).
Haltung: Trockenterrarium, 60 x 50 x 50 cm; Sand, Steine, Geröll, erdfeuchte Höhle, trockener Busch. Sonst wie Krallengecko (→ rechts).
Nahrung: Insekten, selten Nacktmäuse. Trinkwasser versprühen.
Geschlecht: 1,0 Schädel massiger, Präanalporen, Schwanzwurzel und Hemipenestaschen verdickt. Gelege mit 2 Eiern, weichschalig, werden im feuchten Substrat vergraben.
Ähnlich zu pflegen: Lidgecko (*Hemitheconyx caudicinctus*).

Krallengecko

Coleonyx brevis

Größe: GL 12 cm, KRL 6 cm.
Verbreitung: Südwestliches Nordamerika.
Natürlicher Lebensraum: Sand- und Steinwüsten.
Verhalten: Tags an feuchtkühlen Orten unter Steinen ruhend. Im Terrarium 1,X.
Kennzeichen: Wie Leopardgecko (→ links).
Haltung: Trockenterrarium, 50 x 30 x 30 cm; Sand, Steine, Geröll, erdfeuchte Höhle, Kakteenskelette, Trockengräser, sukkulente Pflanzen. Tags 25–30 °C, nachts 15–20 °C, Dunkelstrahler. Pseudo-Winterruhe ca. 2 Monate. Luftfeuchtigkeit 50–70 %.
Nahrung: Insekten. Trinkwasser versprühen.
Geschlecht: 1,0 Präanalporen, Schwanzwurzel und Hemipenestaschen verdickt, beiderseits der Schwanzwurzel ein Sporn. Eier wie Leopardgecko.

Wundergecko

Teratoscincus scincus
(3 Unterarten)

Größe: GL 20 cm, KRL 12 cm.
Verbreitung: Kleinasien bis westliches China.
Natürlicher Lebensraum: Steppen- und Dünenlandschaften.
Verhalten: Tags in selbst gegrabenen, tiefen Gängen. Attackieren einen Gegner quäkend, fauchend; im Terrarium 1,X.
Kennzeichen: Spaltpupille, wimpernähnliche Schuppen über den Augen, sägeartige Schuppen an den Zehen.
Haltung: Trockenterrarium, 60 x 50 x 50 cm; feiner Sand, Steine, erdfeuchte Höhle oder Tonröhre vergraben, trockener Busch. Sonst wie Krallengecko (→ links).
Nahrung: Wie Leopardgecko (→ ganz links).
Geschlecht: 1,0 Schädel massiger, Femoralporen, Schwanzwurzel und Hemipenestaschen verdickt. 2 hart- und dünnschalige Eier, werden vergraben.

tagaktiv mit UV-Licht · nachtaktiv mit Dunkelstrahler · Baumbewohner

Streifen-Taggecko
Phelsuma lineata
(5 Unterarten)

Größe: GL 12cm, KRL 6 cm.
Verbreitung: Östliches Madagaskar.
Natürlicher Lebensraum/ Verhalten/Kennzeichen: Wie Goldstaub-Taggecko (→ rechts).
Haltung: Sekundärwaldterrarium, 60 x 40 x 60 cm; Äste, Bambus vertikal, Walderde, Boden- und Kletterpflanzen. Tags 25–30 °C, nachts 18–23 °C, Sonnenplätze, UV-Bestrahlung. Relative Luftfeuchtigkeit 60–90 %.
Nahrung: Wie Großer Taggecko (→ ganz rechts).
Geschlecht: 1,0 wie 1,0 von Goldstaub-Taggecko (→ rechts). Eiablage wie andere Taggeckos (→ rechts), aber auch an Gemeinschafts-Ablageplätzen.
Ähnlich zu pflegen: Pfauenaugen-Taggecko *(Phelsuma quadriocellata)*.

Goldstaub-Taggecko
Phelsuma laticauda
(2 Unterarten)

Größe: GL 12 cm, KRL 6cm.
Verbreitung: Nordwestliches Madagaskar, Komoren.
Natürlicher Lebensraum: Lichter Wald, Plantagen, menschliche Siedlungen.
Verhalten: Lebt auch an Häusern. Im Terrarium 1,X.
Kennzeichen: Rundpupille, Haftpolster und Krallen.
Haltung: Sekundärwaldterrarium, Größe und Einrichtung wie Streifen-Taggecko (→ links). Tags 25–30 °C, nachts 20–24 °C. Sonst wie Streifen-Taggecko (→ links).
Nahrung: Wie Großer Taggecko (→ rechts).
Geschlecht: 1,0 Schädel massiger, Schwanzwurzel und Hemipenestaschen verdickt, Präanal- und Femoralporen. 2 zunächst weiche Eier werden mit den hinteren Extremitäten bis zum Aushärten gedreht und am Boden geschützt abgelegt.

Großer Taggecko
Phelsuma madagascariensis
(4 Unterarten)

Größe: GL 25 cm, KRL 13 cm.
Verbreitung: Madagaskar.
Natürlicher Lebensraum: Tropischer Regenwald, Plantagen.
Verhalten: Häufig kopfunter am Stamm. Im lockeren Verband lebend; im Terrarium 1,1.
Kennzeichen: Rundpupille, Haftpolster und Krallen.
Haltung: Regenwaldterrarium, 100 x 60 x 120 cm; Äste, dicker Bambus vertikal. Sonst wie Streifen-Taggecko (→ ganz links), aber etwas feuchter.
Nahrung: Insekten, einmal wöchentlich kurzzeitig Obst. Trinkwasser versprühen.
Geschlecht: 1,0 Schädel massiger, Schwanzwurzel und Hemipenestaschen verdickt, Präanal- und Femoralporen. 2 zunächst weiche Eier werden mit den hinteren Extremitäten bis zum Aushärten gedreht und dann am Boden geschützt abgelegt.

Strauchbewohner · Bodenbewohner · Waldterrarium · Trockenterrarium

Plattschwanzgecko

Uroplatus henkeli

Größe: GL 25 cm, KRL 18 cm.
Verbreitung: Nordwestliches Madagaskar.
Natürlicher Lebensraum: Tropischer Regenwald.
Verhalten: Wie Faltengecko (→ Seite 13 links). Selten am Boden, z. B. 0,1 zur Eiablage.
Kennzeichen: Spaltpupille, Haftpolster und Krallen, Hautsaum von Hals bis Schwanz, auch an den Extremitäten.
Haltung: Regenwaldterrarium, 120 x 70 x 120 cm. Sonst wie Faltengecko (→ Seite 13 links).
Nahrung: Wie Streifengecko (→ rechts).
Geschlecht: 1,0 braune Sprenkel auf gelbem Grund, Hemipenestaschen auffallend.
2 Eier, hartschalig, werden mit den hinteren Extremitäten bis zum Aushärten festgehalten und dann vergraben.
Ähnlich zu pflegen: Plattschwanzgecko (*Uroplatus fimbriatus* und *U. phantasticus*).

Streifengecko

Gekko vittatus

Größe: GL 25 cm, KRL 15 cm.
Verbreitung: Südostasien, Indomalayische Inseln bis Melanesien.
Natürlicher Lebensraum: Tropischer Regenwald, auch in der Nähe von Siedlungen.
Verhalten: Wenig aggressiv, aber im Terrarium nur 1,X.
Kennzeichen: Spaltpupille, Haftpolster und Krallen.
Haltung: Regenwaldterrarium, 100 x 60 x 120 cm; Äste, Stubben, Walderde, Boden- und Kletterpflanzen. Tags 25–30 °C, nachts 20–24 °C, Dunkelstrahler. Relative Luftfeuchtigkeit 70–90 %.
Nahrung: Große Insekten, selten Nacktmäuse oder Regenwürmer. Trinkwasser versprühen.
Geschlecht: 1,0 Schädel massiger, Schwanzwurzel und Hemipenestaschen verdickt, Präanalporen. 2 Eier, hartschalig, werden angeklebt.

Tokeh

Gekko gecko

Größe: GL 35 cm, KRL 18 cm.
Verbreitung: Südostasien, vom nordöstlichen Indien über Hinterindien bis Neuguinea.
Natürlicher Lebensraum: Tropischer Regenwald, auch in der Nähe von Siedlungen.
Verhalten: Ruft »to-keh«. Sehr aggressiv, deshalb im Terrarium nur 1,1.
Kennzeichen: Spaltpupille, Haftpolster und Krallen, Jugendfärbung (→ Seite 38).
Haltung: Regenwaldterrarium, 120 x 70 x 120 cm. Sonst wie Streifengecko (→ links).
Nahrung: Große Insekten, selten Nacktmäuse oder Regenwürmer. Trinkwasser versprühen.
Geschlecht: 1,0 Schädel massiger, Schwanzwurzel und Hemipenestaschen verdickt, Präanalporen. 2 Eier, hartschalig, werden angeklebt; 1,1 Brutpflege, bis Juvenile die Jugendfarbe verlieren.

 tagaktiv mit UV-Licht · nachtaktiv mit Dunkelstrahler · Baumbewohner

Faltengecko
Ptychozoon kuhli

Größe: GL 19 cm, KRL 12 cm.
Verbreitung: Indomalayische Inseln.
Natürlicher Lebensraum: Tropischer Regenwald.
Verhalten: Lebt an vertikalen Baumstämmen, springt auch von einem Baum zum anderen. Friedlich; in großen Terrarien auch X,X.
Kennzeichen: Spaltpupille, Haftpolster und Krallen, Hautsaum von Kopf bis Schwanz, auch an den Extremitäten.
Haltung: Regenwaldterrarium, 100 x 50 x 120 cm; vertikale Stämme, Stubben, Walderde, Boden- und Kletterpflanzen. Tags 25–30 °C, nachts 20–22 °C, Dunkelstrahler. Relative Luftfeuchtigkeit 80–100 %.
Nahrung: Insekten. Trinkwasser versprühen.
Geschlecht: 1,0 Schädel massiger, Hemipenestaschen verdickt. 2 Eier, hartschalig, werden vergraben.

Asiatischer Hausgecko
Hemidactylus frenatus

Größe: GL 14 cm, KRL 7 cm.
Verbreitung: Ursprünglich Südostasien, heute weltweit in tropischen Zonen.
Natürlicher Lebensraum: Wälder, Busch- und Kulturlandschaften, Siedlungen.
Verhalten: Lebt auch in Häusern. Aggressiv, deshalb im Terrarium nur 1,1.
Kennzeichen: Spaltpupille, Haftpolster nicht über die ganze Zehen- und Fingerlänge, Krallen.
Haltung: Waldterrarium, 50 x 40 x 60 cm; sonst wie Streifengecko (→ Seite 12 Mitte).
Nahrung: Insekten. Trinkwasser versprühen.
Geschlecht: 1,0 Schädel massiger, Schwanzwurzel und Hemipenestaschen verdickt. 2 Eier, hartschalig, werden angeklebt.
Ähnlich zu pflegen: Afrikanischer Hausgecko *(Hemidactylus brookii)*, GL 14 cm, KRL 7 cm.

Bogenfingergecko
Cyrtodactylus peguensis

Größe: GL 15 cm, KRL 8 cm.
Verbreitung: Hinterindien.
Natürlicher Lebensraum: Tropischer Regenwald.
Verhalten: Klettert gern. Im Terrarium nur 1,X.
Kennzeichen: Spaltpupille, relativ kleine Haftpolster an der Basis von Fingern und Zehen, große Krallen.
Haltung: Regenwaldterrarium, 60 x 40 x 70 cm; Äste, Stubben, Walderde feucht, aber nicht sumpfig, Falllaub, Boden- und Kletterpflanzen. Tags 20–25 °C, nachts 18–22 °C. Dunkelstrahler. Relative Luftfeuchtigkeit 80–100 %.
Nahrung: Insekten. Trinkwasser versprühen.
Geschlecht: 1,0 Schädel massiger, Präanalporen, Schwanzwurzel und Hemipenestaschen verdickt. 2 Eier, hart-, aber dünnschalig, werden vergraben. Vorsicht beim Bergen!

Strauchbewohner · Bodenbewohner · Waldterrarium · Trockenterrarium

Anatomie und Sinne

Geckos sind kleine bis allenfalls mittelgroße Echsen. Die kleinsten Arten weisen eine Gesamtlänge von maximal vier Zentimetern auf. Der größte bisher bekannt gewordene Gecko maß 60 Zentimeter. Er wurde zufällig in einem Museum entdeckt, lebte in Neuseeland und ist vermutlich ausgestorben. Die größten heute lebenden Arten erreichen 30 bis 35 Zentimeter.

Die Haut der Geckos

Sie ist wie bei allen Reptilien drüsenarm. Bei den meisten Arten besteht sie aus relativ kleinen, aber unterschiedlich großen nebeneinander liegenden Schuppen. Dadurch fühlt sich die Haut der Geckos recht weich, fast samtartig an. Die Ausnahme bilden die zwei Gattungen *Teratoscincus* und *Geckolepis* mit überlappenden Schuppen.

Der Tokeh wird nicht nur groß, er kann dem Pfleger gegenüber auch aggressiv werden. Adulte Tiere nur paarweise halten.

Die Haut bietet Schutz gegen mechanische Schädigungen, vor allem aber verhindert sie weitgehend den Verlust von Körperflüssigkeit. Möglich wird dies durch die permanente Verhornung der Oberhaut. Damit sie nicht zu einem leblosen Panzer wird, erfolgt ein regelmäßiges Abstreifen der oberen Hautschicht. Diese Häutung wird hormonell gesteuert und vom Stoffwechsel in Abhängigkeit von Vitaminen und Mineralstoffen beeinflusst. Zum Farbwechsel → Seite 21.

Der Schwanz der Geckos

So unterschiedlich die Geckoschwänze auch sein können, allen gemeinsam ist, dass sie bei Gefahr abgeworfen werden. Diesen Vorgang nennt man Autotomie. Die Abtrennung an einer Sollbruchstelle dient dazu, einen Verfolger abzulenken. Weil das Verhalten auch beim Ergreifen der Geckos ausgelöst werden kann, ist für den Pfleger Vorsicht geboten (→ Seite 21)! Der Schwanz vieler Geckos dient auch als Fettdepot. Das

Fett ist als Energiereserve in nahrungsarmen Zeiten von Bedeutung (→ Seite 64).

Womit Geckos laufen

Erstaunen ruft immer wieder die Fähigkeit der Geckos hervor, sich an großflächigen Blättern, kopfüber an Zimmerdecken oder an Glasflächen fortbewegen zu können. Möglich wird das durch unterschiedlich angeordnete Haftpolster an Fingern und Zehen (→ rechts). Außerdem tragen viele Geckoarten Krallen (→ rechts). Auch diese sind nicht einheitlich und werden, wie die Haftpolster, zur Differenzierung der Gattungen herangezogen.

Wie Geckos hören

Das gut ausgebildete Gehör ist die Voraussetzung für die vielgestaltige akustische Kommunikation. Der stattliche Tokeh (→ Seite 12) verdankt seinem lautstarken, bellenden Ruf »to-keh« sogar seinen Namen.

Wie Geckos riechen

Der Duftwahrnehmung dienen sowohl die Nase als auch das bei fast allen Reptilien vorhandene Jacobsonsche Organ (→ Seite 21).

Tagaugen

1

Tagaktive Geckoarten erkennt man an ihren Augen mit Rundpupille. Deren Größe passt sich wie unsere Pupille dem Lichteinfall an, indem sie sich ringförmig schließt und weitet.

Nachtaugen

2

Die relativ großen Augen der nachtaktiven Geckos sind ähnlich den Katzenaugen durch eine Schlitzpupille gegen zu helles Licht geschützt. Der senkrechte Schlitz schließt oder öffnet sich, um den Lichteinfall zu dosieren.

Haftpolster

3

Sie sind selbst nicht für die Haftfähigkeit verantwortlich, sondern winzig kleine Borsten auf den Polstern. Die Feinstruktur der am Ende mehrfach gespaltenen Borsten wurde erst 1968 mit dem Elektronenmikroskop entdeckt.

Krallen

4

Krallen gewähren Halt auf rauem Untergrund wie Holz. In Trockengebieten tragen viele bodenbewohnende Arten nur Krallen, keine Polster. Die sägeartigen Schuppen an den Zehen des Wundergeckos erleichtern das Laufen auf feinem Sand.

Verhaltensdolmetscher
Geckos

Kennen Sie die Geckosprache? Hier erfahren Sie, was Ihr Pflegling mit seinem Verhalten ausdrücken möchte ? und wie Sie richtig darauf reagieren →.

Ein Plattschwanzgecko leckt sich über Kiefer und Augen.

? Er könnte gerade gefressen haben, oder er ist nur zufrieden.

→ So reinigt er sich nach der Nahrungsaufnahme, zeigt Wohlverhalten oder (bei männlichen Taggeckos) auch Erregung.

Der Bogenfingergecko verzehrt die abgestreifte Haut.

? Dies ist normal und dient der Nutzung aller Ressourcen.

→ Wenn er die Haut nicht aktiv abstreift und frisst, könnte die Klimatisierung nicht artgerecht oder das Tier krank sein.

Ein Faltengecko beißt den anderen in die Seite.

? Das dominante Tier beansprucht seinen Platz.
→ Wird das unterlegene Tier danach permanent verfolgt, weil möglicherweise das Terrarium zu klein ist, ist eine Trennung erforderlich.

Beim Laufen an der Scheibe erkennt man die Hautsäume des Faltengeckos.

? Beim Sprung von Baum zu Baum dienen sie als Fallschirm.
→ Bei der Einrichtung Platz für den »Flug« lassen.

Der Tokeh droht mit weit aufgesperrtem Maul.

? Er reagiert so auf Störungen des Pflegers oder Artgenossen.
→ Die Störungen verhindern und auf Aggressionen unter den Tieren achten.

Wundergeckos in einer kleinen Gruppe, ein Gecko züngelt.

? Er ist zufrieden oder nimmt Duftstoffe des anderen auf.
→ Beobachten, vor allem im Hinblick auf eine Trächtigkeit. Dann ein Eigefäß bereitstellen.

Fortpflanzung

Schon mancher Terrarianer wunderte sich, dass sein harmonierendes Geckopärchen nicht zur Fortpflanzung schritt. Abgesehen von einer möglicherweise unbeobachteten Eiablage könnte das jugendliche Alter der Tiere die Ursache sein (Geckos werden je nach Art mit 12 bis 24 Monaten geschlechtsreif). Häufigster Grund für ausbleibenden Nachwuchs sind jedoch fehlende Klimareize, die das Fortpflanzungsgeschehen einleiten. Diese gibt es in der Natur nicht nur in gemäßigten Zonen, auch am Äquator kommt es zu Klimaschwankungen (→ Seite 64).

Balz und Paarung

Erwartungsgemäß ist über das Balzverhalten der tagaktiven Geckos mehr bekannt als über das der nachtaktiven Arten. Der männliche Taggecko der Gattung *Phelsuma* nähert sich einem Weibchen mit schnellen Schritten, hält aber immer wieder inne, imponiert breitseits und präsentiert dabei die auffallenden Farbmuster des Rückens. Ist das Weibchen paarungsbereit, lässt es den Partner näher kommen. Dieser unterbricht das Imponiergehabe, um es mit der Schnauze zu berühren und Hüfte und Schwanzansatz zu bezüngeln. Dabei kommt es gelegentlich auch zu vorsichtigen Bissen in die Hinterbeine. Auffallend ist das immer raschere Züngeln, was die Aufnahme weiblicher Duftstoffe (Pheromone) vermuten lässt (→ Seite 64).
Ist ein Weibchen nicht paarungsbereit, entfernt es sich oder wehrt den Verehrer ab. Es attackiert ihn dabei mit Scheinangriffen.
Bei den nachtaktiven Geckos, jedenfalls bei den rufenden Arten, findet eine akustische Verständigung statt. Bei den nicht rufenden Arten wird eine Duftwahrnehmung mittels Zunge vermutet.

Der Bodengecko Paroedura picta *aus Madagaskar ist wie der Leopardgecko zu pflegen. Er wird zwölf Zentimeter lang.*

Ein Bodengecko schlüpfte in diesem Eigefäß. Der obligatorische Deckel wurde für die Aufnahme entfernt.

Eiablage

Die meisten Geckos setzen ein Gelege aus zwei Eiern ab, nur wenige Arten ein Ei. Je nach Gattung sind sie weich- oder hartschalig (→ Porträts Seite 10 bis 13).

➤ Nach einer erfolgreichen Paarung dauert es ungefähr vier Wochen bis zur Eiablage. In dieser Zeit, spätestens aber wenn Sie eine Trächtigkeit vermuten, empfiehlt es sich, das Weibchen stärker zu füttern und optimal mit Kalzium und Vitaminen zu versorgen. Nur so können sich Eischale und Embryo normal entwickeln.

➤ Nicht selten wird das Weibchen wenige Tage vor der Eiablage unruhig. Es sucht nach einem geeigneten Platz dafür. Das kann im Substrat sein, aber auch an Holz oder unter Borken. Gern wird auch ausreichend dickes Bambusrohr aufgesucht (→ Porträts Seite 10 bis 13).

Die Eier erbrüten

Die im Substrat abgelegten Eier legen Sie sorgfältig frei und überführen sie in ein Eigefäß. Dabei darf die Lage der Eipole nicht verändert werden. Am Substrat haftende Eier werden, sofern möglich, mit dem Substrat in ein größeres Eigefäß überführt.

Als Eigefäß eignet sich eine kleine Klarsicht-Kunststoffdose. Diese füllen Sie fünf Zentimeter hoch mit erdfeuchtem Vermiculit. Darauf betten Sie die Eier und bedecken sie etwa einen Zentimeter hoch mit dem Material. Das Eigefäß kommt in einen Brutschrank. Das kann zum Beispiel eine so genannte Kunstglucke aus dem Zoofachhandel sein. Entscheidend ist eine Temperatur von 27 bis 30 °C ohne nennenswerte Schwankungen.

Die Entwicklungszeit der Eier beträgt etwa zwei Monate, ist aber abhängig von der Temperatur. Der junge Gecko befreit sich selbst aus der Eihülle, indem er mit einem nach vorn gerichteten Eizahn die Schale anschlitzt.

TIPP

Aufzucht der Jungtiere

➤ Die Jungtiere erhalten Nahrung wie die Eltern, nur kleiner.

➤ Sie brauchen das gleiche Klima einschließlich der Nachtabsenkung wie die adulten Tiere. Deshalb auch auf von außen einwirkende Wärmequellen achten.

➤ Bis auf die Lidgeckos verhalten sich die meisten Geckos vom ersten Tag an territorial. Um Verluste zu vermeiden, werden sie vorsichtshalber einzeln aufgezogen.

Fragen rund um Anatomie und Verhalten

? In der Fachliteratur oder beim Zoofachhändler werden oft merkwürdig anmutende Zahlenkombinationen und Fachausdrücke gebraucht. Was bedeuten sie?
Mit den Zahlenkombinationen wird das Geschlecht der Tiere benannt. Links vom Komma steht die Anzahl der Männchen, rechts die der Weibchen. 1,1 bedeutet ein Paar, 0,2 zwei Weibchen oder 1,X ein Männchen und mehrere Weibchen. Bei den Abkürzungen steht GL für Gesamtlänge, die Länge von der Schnauze bis zur Schwanzspitze. Weil diese Größenangabe wenig über den Raumbedarf des Tieres im Terrarium aussagt, gibt es die Kopf-Rumpf-Länge (KRL). Bei den Fachbegriffen sind die Bezeichnungen adult für erwachsene bzw. geschlechtsreife Exemplare und juvenil für jugendliche Tiere wichtig.

? Viele Echsen imponieren durch Präsentieren auffälliger Merkmale. Wie ist das bei Geckos?
Im Gegensatz zu vielen Leguanen und Agamen haben Geckos keine Kehlwammen, Hautsegel oder Kämme zum Imponieren. Diese würden bei der vorwiegend nächtlichen Lebensweise auch gar nicht zu sehen sein. Die Taggeckos weisen dafür auffällige Farben auf. Die Faltengeckos, an Bäumen lebende Geckos, besitzen seitliche Hautsäume an Kopf, Rumpf und Schwanz (→ Foto Seite 17 links unten). Doch sie dienen nicht dem Imponieren, sondern um ihre Konturen aufzulösen und Schlagschatten zu vermeiden. Faltengeckos nutzen die Hautsäume auch als Segel und gleiten damit auf der Flucht oder beim Ortswechsel von Baum zu Baum.

? Was passiert bei der Häutung der Geckos?
Die alte Haut fällt nicht einfach ab, die meisten Reptilien streifen sie aktiv am Boden, an Holz oder Steinen ab. Geckos benutzen dazu auch die Extremitäten und das

Die Asiatischen Hausgeckos sind nicht immer so friedlich miteinander.

Maul. Einige von ihnen verzehren sogar die alte Haut – eine sinnvolle Nutzung aller Ressourcen.

? Warum wechseln die Geckos ihre Hautfarbe?

Der Farbwechsel dient unter anderem der Regulierung der Körpertemperatur: Helle Farben reflektieren das Sonnenlicht des Tages, dunkle dagegen absorbieren die ersten Sonnenstrahlen am Morgen und die letzten abends, um Wärme zu tanken. Zusätzlich passen sich viele Arten durch den Farbwechsel oft frappierend dem Untergrund an. Besonders die Taggeckos setzen den Farbwechsel auch zur Kommunikation ein.

? Warum sind die Zehen der Geckos verbreitert?

Dort befinden sich so genannte Haftpolster, die den Tieren das Laufen an glatten Flächen erlauben (→ Seite 15). Auf feinem Sand lebende Arten besitzen große Schuppen an den Zehen, wodurch die Trittfläche vergrößert und ein Einsinken verhindert wird. Manche Arten, zum Beispiel Faltengeckos, tragen zwischen den Zehen Häute. Ihnen kommt beim Springen von einem Baum zum anderen, zusammen mit den Hautsäumen (→ links), eine Fallschirm-Wirkung zu.

? Durch eine ungeschickte Handbewegung von mir hat mein Gecko seinen Schwanz verloren. Wächst er wieder nach?

An der Sollbruchstelle wächst schon in wenigen Wochen ein neuer Schwanz, Regenerat genannt. Dieses erreicht nicht die Länge des abgebrochenen Teils, es ist auch anders gefärbt. Aber auch das Regenerat kann bei Gefahr genauso abgeworfen (autotomiert) werden wie das Original.

? Wie funktioniert das Riechen mit dem Jacobsonschen Organ?

Das Geruchsorgan, das Jacobsonsche Organ, liegt bei den Geckos paarig in besonderen Taschen im Dach der Mundhöhle. Wenn der Gecko seine Zunge in die Mundhöhle zurückzieht, gelangen die Geruchsstoffe, die an der Zungenschleimhaut angeheftet sind, auf die Sinneszellen des Jacobsonschen Organs. Von dort wird die Information an das Gehirn weitergeleitet. Deshalb züngeln Geckos.

MEINE TIPPS FÜR SIE

Harald Jes

Sicher zu Nachwuchs

- Ein trächtiges Weibchen erkennt man am dickeren Leib oder an den durch die Haut schimmernden Eiern. Ist dies nicht mehr der Fall, hat es abgelegt. Dann müssen Sie die Eier suchen.
- Wird das Weibchen zu stark vom balzenden Männchen verfolgt und eventuell verletzt, sollten Sie die Tiere vorübergehend trennen.
- Die hart-, aber dünnschaligen Eier mancher Arten (→ Porträts Seite 10 bis 13) werden mit einem kleinen Löffel, der auch etwas Substrat aufnimmt, geborgen.
- Wurde das hartschalige Gelege so abgesetzt, dass Sie es nicht herausnehmen können, auch nicht mit dem Substrat, dann sollten Sie einen Schutzkorb über dem Gelege befestigen, damit die Jungen den Eltern nicht zum Opfer fallen.
- Bei Geckoarten mit Brutfürsorge, wie dem Tokeh, beschützen die Eltern Gelege und Jungtiere. Hier müssen Sie sie nicht separieren.

Artgerechte Unterbringung

Technik-Know-How

Um die für die Beleuchtung und Klimatisierung von Geckoterrarien benötigten Installationen betreiben zu können, ist elektrische Energie erforderlich. Eine Bitte: Sparen Sie nicht bei den Kosten für die nötigen Geräte – der Gesundheit Ihrer Geckos

Der Lidgecko aus den Trockengebieten Westafrikas misst bis 20 Zentimeter.

zuliebe. Erfreulicherweise sind die heute angebotenen elektrischen Geräte weitgehend ausgereift und sicher, vorausgesetzt, sie werden der Betriebsanleitung entsprechend eingesetzt und regelmäßig gewartet und gepflegt (→ Hinweis Seite 60).

Das richtige Licht

Die Beleuchtung des Geckoterrariums ist abhängig von der Lebensweise seiner Bewohner und von der Terariengröße (→ Seite 27). **Leuchtstofflampen** sind für Terrarien bis zu einer Höhe von 70 Zentimetern die wirtschaftlichste Lichtquelle, in entsprechender Anzahl installiert auch für Waldterrarien. Angeboten werden die Lampen in unterschiedlichen Längen und Lichtfarben. Achten Sie auf gute Farbwiedergabe von Tieren und Pflanzen und eine hohe Lichtintensität der Lampen.
Reflektorlampen sind innen verspiegelte Lampen, die Licht und Wärme bündeln. Bei der Pflege von Taggeckos sind sie nahezu unverzichtbar, denn die Lampen leuchten die Sonnenplätze aus und geben den Tieren damit eine der Voraussetzungen für den optimalen Stoffwechsel.
Halogen-Metalldampflampen, HQI-Lampen genannt, kommen nur für hohe, bepflanzte Terrarien ab 300 Liter Rauminhalt in Frage. Die leistungsstarken Lampen sollten zum Schutz von Tieren und Pflanzen in einem Ab-

TIPP

Geräte richtig anbringen

Alle Geckos mit Haftpolstern an den Zehen erreichen jeden Winkel im Terrarium. Deshalb

- sind Lampen und Strahler außerhalb des Terrariums zu installieren.
- werden die Kabel im Terrarium in Kabelkanälen verlegt; das ist sicher und sieht auch besser aus.
- Zudem sollte die technische Anlage auch außerhalb des Terrariums überschaubar, am besten beschriftet installiert werden. Dies macht den Betrieb sicherer.

stand von etwa einem Meter über dem Terrarium, auch für den Pfleger blendungsfrei installiert werden.

Ultraviolett-Lampen emittieren die im Sonnenlicht enthaltenen und zur Stimulanz wichtiger biologischer Vorgänge nötigen UV-Strahlen. Diese sind nur für Taggeckos wichtig. Einige Hersteller bieten röhrenförmige Lampen an, die auch UV-A und UV-B emittieren. UV-Strahlung emittierende, sehr lichtintensive Reflektorlampen mit Schraubgewinde werden ebenfalls angeboten. Beachten Sie die Packungsbeilage bezüglich der Leistung der unterschiedlichen Lampen.

Wärme

Für nachtaktive Geckos brauchen Sie keine hellen Punktstrahler, dafür nachts einen etwas wärmeren Bereich mit einer Heizlampe.

Dunkelstrahler: Die äußerst langlebigen Elstein-Keramikstrahler emittieren eine unsichtbare Infrarotstrahlung. Die Intensität wird durch einen Reflektor verstärkt.

Bodenheizung nur auf maximal einem Drittel der Fläche verlegen, damit genügend kühle Zonen bleiben. Sie wird dort notwendig, wo Raumtemperatur und Elsteinstrahler die gewünschten Temperaturen nicht gewährleisten. Angeboten werden Heizkabel, -matten und -steine unterschiedlicher Leistung.

Die Beregnung funktioniert: Der Große Taggecko löscht seinen Durst.

Feuchtigkeit

Ultraschall-Vernebler oder **Beregnungsanlage** optimieren das Klima in größeren Regenwaldterrarien. Um ein Versumpfen des Bodensubstrats zu vermeiden, sollte eine Drainage eingebaut sein. Fahren Sie aber beide Systeme noch vor den Tieren ein.

CHECKLISTE

Zur Sicherheit

- ✔ Lichtintensive, UV-Strahlung emittierende Reflektorlampen nur in größeren Terrarien in einem Abstand von mindestens 30 cm installieren.
- ✔ Dunkelstrahler und UV-Strahlung emittierende Reflektorlampen mit Schraubgewinde gehören in eine E-27-Fassung aus Porzellan. Das Anschlusskabel muss wegen der Wärmeentwicklung aus Silikon bestehen.
- ✔ HQI-Lampen nur in dafür vorgesehenen Leuchten mit Schutzglas betreiben.
- ✔ UV-Strahlen können die Augen des Pflegers schädigen. Deshalb mit einem Reflektor abdecken und nicht in die brennende Lampe schauen.

Das Waldterrarium

Ein Terrarium lässt sich nahezu überall in einer Wohnung aufstellen: frei stehend, an einer Wand, als Raumteiler oder in eine Schrankwand eingefügt. Voraussetzung ist, dass sowohl der freie Zugang als auch ausreichender Raum für alle technischen Installationen gewährleistet sind.

Im Waldterrarium kann jedes Blatt Struktur sein und Sichtschutz bieten. Für den Pfleger muss es überschaubar bleiben.

Die Terrarienform

Die meisten Terrarien im Zoofachhandel haben Rechteckform, das Verhältnis Länge zu Breite zu Höhe beträgt ungefähr 2:1:1. Genauere Größenangaben → Porträts Seite 10 bis 13. Für die baumbewohnenden Geckos des Waldes kann dieses Verhältnis auch in ein Hochformat, etwa 1:1:2, abgewandelt werden.

Lüftung: Wenn Sie eine Sonderanfertigung in Auftrag geben, sollten Sie auf jeden Fall auf eine optimale Lüftung achten. Erforderlich ist eine Lüftungsfläche von 30 Prozent der Grundfläche beim Normalterrarium, 60 Prozent beim Hochformat. Drahtgeflecht aus Chromstahl ist das Material der Wahl. Damit im Terrarium eine Luftbewegung entsteht, muss ausreichend Luft von unten zugeführt werden. Dies erreicht man, indem im unteren Drittel einer Seitenwand oder der Frontscheibe zehn Prozent, beim Hochformat 20 Prozent der Scheibenfläche mit einem Drahtgeflecht aus Chromstahl bedeckt werden.

Die Häute zwischen Fingern und Zehen des Faltengeckos, eines Regenwaldbewohners, sind hilfreich beim Gleitflug.

Terrariengröße

Die in den Porträts (→ Seite 10 bis 13) genannten Größen der Geckos gelten für ausgewachsene Exemplare, aber nicht für nur selten erreichte Höchstmaße. Die Kopf-Rumpf-Länge ist die Grundlage für die Berechnung des Raumbedarfs. Die meisten der dort genannten Abmessungen der Terrarien sind großräumiger gewählt als die Maße, die im Gutachten über die Mindestanforderungen an die Haltung von Reptilien gefordert werden. Die genannten Maße gelten immer für drei Tiere, sehr territoriale Arten sind aber oft nur zu zweit bei den gleichen Abmessungen zu pflegen.

Die Waldtypen

Der altweltliche Regenwald ist die Heimat der im Ratgeber genannten Geckos. Er unterscheidet sich vom neuweltlichen durch das Fehlen der als Aufsitzer (epiphytisch) lebenden Ananasgewächse, deren Stellung hier hauptsächlich Farne einnehmen. Weil Geckos mit Haftpolstern auch am Glas entlanglaufen können, müssen Rück- und Seitenscheiben nicht unbedingt mit Schalhölzern, Korkplatten oder Zierkork dekoriert werden, um zusätzliche Laufflächen zu erhalten. Für Geckos, die als Kulturfolger auch an Waldhütten leben, sind geflochtene Matten ein hübscher Hintergrund.
Es hat sich gezeigt, dass viele Geckos Kletteräste mit glatter Borke bevorzugen, sodass sich Buchen geradezu anbieten. Wie Sie die Äste einbauen, bleibt Ihnen überlassen. Sie sollten aber darauf achten, die auf dem Boden stehenden Hölzer unverrückbar zu befestigen, damit sie nicht kippen können (Gefahr von Glasbruch!). Außerdem soll-

TIPP

Das richtige Licht

- Ist das Terrarium höher als 70 Zentimeter, ist für ein befriedigendes Pflanzenwachstum HQI-Licht nötig.
- Für ein niedrigeres Terrarium sind drei bis fünf Leuchtstofflampen, die über die ganze Beckenlänge reichen, die richtige Wahl.
- Beleuchtungsdauer täglich 12 bis 14 Stunden.
- Um nachtaktive Geckos beobachten zu können, genügen 10 bis 20 Prozent der für Pflanzen nötigen Lichtmenge. UV-Bestrahlung ist nicht erforderlich.

ten Schnittflächen plan an den Scheiben aufliegen, damit sich die Tiere nicht in Kerben einklemmen. Ein senkrecht aufgestellter Baum gibt dem Terrarium eine besondere Note. Der Stamm wird von den Tieren zudem gern umkreist. Vorhandene Äste auf jeden Fall bis unter die Abdeckung führen.
Damit sich die Tiere aus den Augen gehen können, sollte das Terrarium entsprechend strukturiert sein. Im Regenwaldterrarium bieten sich die Pflanzen dafür an, auch mit Wurzelholz können Sie Rückzugsmöglichkeiten gestalten. Aber nicht wahllos auftürmen! Anders als im natürlichen Lebensraum soll alles überschaubar bleiben.
Der Sekundärwald steht für den etwas trockeneren, lichteren Wald und für Plantagen, die Lebensräume vieler Madagaskar-Taggeckos. Die Dekoration der Rück- und Seitenscheiben kann wie im Regenwaldterrarium geschehen, auch glatte Hölzer sind einzubringen.
Sie können diesen Terrarientyp aber auch ganz anders gestalten. Bauen Sie Palmenstämme und dicken Bambus gerade bis leicht schräg vom Boden bis zur Abdeckung ein. Dabei die Sonnenplätze nicht vergessen, denn gerade hier sind Reflektor- und UV-Lampen unverzichtbar!

Die Kranzschlinge benötigt viel Licht im Sekundärwaldterrarium.

Bodengrund

Das Bodensubstrat nimmt nicht nur die Pflanzen auf und dient ihnen als Nahrungsquelle, es ist auch für das Klima im Terrarium von Bedeutung. Waldboden ist ein Substrat mit guten hygroskopischen Eigenschaften, das heißt, in der schwammartigen Struktur wird Wasser ebenso gebunden wie gleichmäßig verdunstet, ohne dabei zu verdichten. Zu empfehlen sind die oberen, noch nicht vollkommen verrotteten Schichten aus einem Laub- oder Nadelwald oder ein entsprechendes Substrat aus dem Zoofachhandel.
Wo eine Beregnungsanlage die Pflanzen versorgt, ein größeres Wasserbecken vorhanden ist oder auch ein kleiner Bach durch das Terrarium plätschert, ist ein Zuviel an Feuchtigkeit im Boden nie ganz auszuschließen. Um ein Versumpfen zu vermeiden, dient eine etwa drei Zentimeter hohe Drainage aus Kies oder Blähton als unterste Schicht. Getrennt werden die Schichten mit einem Chromstahl- oder Kunststoffgeflecht, um die Drainagefunktion länger zu gewährleisten. In großen Terrarien ist ein Abfluss im Boden vorteilhaft.

Pflanzen

Die Topfballen werden in das bis zehn Zentimeter hohe Bodensubstrat gesetzt. Stark verwurzelte Ballen vorher etwas auflockern, dann mit dem Substrat andrücken. Die Ranken der Kletterpflanzen sollten Sie in die gewünschte Richtung führen, wenn nötig mit Pflanzenklammern befestigen. Übrigens, manche wie die Efeutute wachsen auch ohne Substrat aus dem Wasserbecken oder aus einem Glas. Vom Topfballen epiphytisch wachsender Farne wird die lockere Erde entfernt und der Restballen mit Torfmoos, Kokosfasern oder Farnwurzeln ummantelt. Dann mit Angelschnur verfestigen und auf eine Astgabel binden.

Die Konturen auflösenden, häutigen Anhänge des Plattschwanzgeckos werden auf dem Moos besonders deutlich.

Pflanzen im Waldterrarium

Pflanze	Typ	Licht	Bemerkungen
Birkenfeige *Ficus benjamina*	Regenwald	sehr viel	Bodenpflanze, baumartig
Drachenbaum *Dracaena*-Arten	Sekundärwald	sehr viel	Bodenpflanzen, buschig und baumartig, nur für größere Terrarien
Efeutute *Epipremnum pinnatum*	Regenwald	wenig	Kletterpflanze, Luft- und Wasserwurzeln, einfach zu vermehren
Geweihfarn *Platycerium*-Arten	Regenwald	sehr viel	Epiphyten, nur für größere Terrarien, Ballen darf nicht austrocknen
Kolbenfaden *Aglaonema*-Arten	Regenwald	sehr viel	Bodenpflanzen, buschig, lange Triebe einkürzen, treiben von unten wieder aus
Kranzschlinge *Stephanotis floribunda*	Sekundärwald	sehr viel	Kletterpflanze, benötigt Rankhilfe
Saumfarn *Pteris*-Arten	Regenwald	viel	Bodenpflanzen, krautig, nur kleinere Arten geeignet
Zierspargel *Asparagus falcatus*	Sekundärwald	sehr viel	Bodenpflanze, buschig

Das Trockenterrarium

Mit den Trockengebieten begegnet uns ein komplett anderer Lebensraum als der Wald. Viele Geckos darin überraschen mit dem Unterschied, keine Haftpolster an den Fingern und Zehen zu haben, sondern nur Krallen. Das weist sie als Bodenbe-

Der Wundergecko, hier ein Männchen, beobachtet seine Umgebung.

wohner aus, die zwar auch klettern können, aber nicht springen. Das bedeutet, dass für die Gestaltung ihrer Lebensräume andere Terrarienabmessungen sinnvoller sind. Ein Terrarium für Bodenbewohner kann im Verhältnis niedriger sein als ein Waldterrarium (→ Porträts Seite 10 bis 13). Zusätzlich lässt sich das Dach einer Höhle durch balkonartige Plateaus als zusätzliche Lauffläche nutzen. Für die Be- und Entlüftung gelten die schon beim Waldterrarium genannten Kriterien (→ Seite 26).

Sandstein- und Schieferarten sind empfehlenswerte Natursteine, denn sie sind gut zu bearbeiten und bei den meisten Steinmetzen erhältlich. Vielleicht gelingt es Ihnen, von der Erfahrung eines solchen zu profitieren und Hinweise zur Bearbeitung des Gesteins zu erhalten.

Kunstfelsen für die Rückwand bietet der Zoofachhandel an. Mit einigem Geschick sind derartige Aufbauten auch im Eigenbau herzustellen. Styropor, Fertigmörtel, Polyester, Epoxydharz und andere Materialien machen es möglich, die Einrichtung eines Terrariums ganz nach persönlichem Geschmack und Bedarf zu gestalten.

Für Echsen karger Lebensräume sind Schattenplätze mit wenigstens geringer Bodenfeuchtigkeit oft die einzige Möglichkeit, die in ihrer Heimat nicht selten extremen Temperaturen zu überdau-

TIPP

Zur richtigen Zeit sprühen

Nach Sonnenuntergang kühlt es in den meisten Trockengebieten, wo Geckos wild leben, allmählich ab. Erst zwei bis drei Stunden vor Sonnenaufgang wird es rapide kalt, es entsteht kurzfristig eine relative Luftfeuchtigkeit bis 100 % und es fällt Tau. Über Monate ist dieser Taufall vielerorts die einzige Wasserquelle der Geckos. Sie ist beendet, sobald die Sonne scheint. Um den Bedarf zu decken, müssen die Bewohner Wasser vor der Ruhephase aufnehmen. Das bedeutet also für Sie: Im Terrarium am frühen Morgen sprühen.

Im Trockenterrarium sind die Pflanzen gezielt zu gießen, denn der Boden soll trocken bleiben.

ern. Zu gegebener Zeit ist ein solcher Platz auch der Ort der Eiablage, weil ein Gelege ohne ein Mindestmaß an Feuchtigkeit sehr rasch eintrocknet.

Boden und Dekoration

Geeignet ist Sand, sowohl als Flusssand unterschiedlicher Körnung als auch als feiner Dünensand in verschiedenen Naturfarben. Wichtig ist, dass der Sand aus rundem Korn besteht und nicht aus gebrochenem, scharfkantigem Quarz, denn der schädigt die Schleimhäute.

Eine Höhle mit ständig leicht feuchtem Bodensubstrat ist einzuplanen. Sie muss für den Pfleger zugänglich sein, zum Beispiel durch einen Stein als Deckel und, wenn realisierbar, durch eine der Seitenscheiben einsehbar und dadurch kontrollierbar sein. Die Höhle oder ein Versteck darf für die Geckos nie zum Gefängnis werden.

Zur Dekoration dieses Lebensraums eignet sich trockenes Wurzelholz, vertrockneter Sanddorn oder Ginster. Bei zarten Geckoarten wie Krallengeckos können Sie mit Trockengräsern und Trockenähren ebenfalls wunderbare Effekte erzielen.

CHECKLISTE

Pflanzen im Terrarium

- ✔ An den Sonnenplätzen sind die Temperaturen so hoch, dass die Pflanzen verbrennen würden. Diese Bereiche deshalb nicht bepflanzen.
- ✔ Alle Pflanzen in Töpfen in das Bodensubstrat einsetzen. Dann können sie bei Bedarf (etwa wenn sie wegen eines Schädlingsbefalls gespritzt werden müssen) leicht gewechselt werden.
- ✔ Den Lichtbedarf der Pflanzen berücksichtigen. Lichthungrige Gewächse stehen den Lampen nahe, schattenliebende ferner.
- ✔ Epiphyten wollen feucht, aber nicht staunass gepflegt werden. Zu viel Wasser muss abtropfen können.

Oben offenes Flachterrarium

Dies ist eine interessante Alternative für Geckos ohne Haftpolster, vorausgesetzt, entsprechender Raum steht zur Verfügung. Das Terrarium mit einer Grundfläche von 1 bis 1,5 Quadratmetern hat eine Scheibenhöhe von 30 Zentimetern, die Scheiben stehen frei und es gibt keine Abdeckung. Die Grundfläche wird durch eine knapp über das Substrat ragende Scheibe in zwei Bereiche getrennt und zwar im Verhältnis ein Drittel zu zwei Drittel bis halb-halb.

> **TIPP**
>
> **Achtung Lichtverlust!**
>
> - Leuchtstofflampen verlieren jährlich ungefähr 10 % der Lichtintensität, sodass Sie sie über dem bepflanzten Terrarium nach zwei bis drei Jahren auswechseln sollten, um das bis dahin gute Pflanzenwachstum nicht zu hemmen.
> - In anderen Bereichen sind sie weiterhin einsetzbar.

Den kleineren Teil bepflanzen Sie. Auf der anderen Fläche legen Sie mittig einen Hügel an, in dem sich die feuchte Höhle befindet, natürlich mit einem entsprechenden Stein als Deckel. Der Hügel ist so scheibenfern anzulegen, dass die Geckos keine Gelegenheit zum Entweichen bekommen. Beheizt wird ein Viertel bis ein Drittel der Fläche um die Höhle herum, nicht jedoch die Höhle selbst, mit Heizmatte oder -kabel und ein bis zwei Elsteinstrahlern an Deckenpendeln. Im Pflanzenteil müssen tagsüber HQI-Lampen 12 bis 14 Stunden leuchten. Zum Beobachten der nachtaktiven Geckos dient wiederum ein Restlicht (→ Tipp Seite 27). Auch die Lampen sind an Pendeln installiert. Das Besondere an dieser Alternative wird die Einrichtung sein, denn beide Teile sind so zu dekorieren, dass die Zusammengehörigkeit erkennbar wird.

Pflanzen

In Trockenterrarien mit weniger als 0,5 Quadratmetern Grundfläche wird die Pflege lebender Pflanzen schwierig. Dann ist es reizvoller, dem Terrarium mit Steinen, Hölzern oder Trockengräsern und -pflanzen einen ansprechenden Anblick zu verleihen. Beim Einrichten größerer Terrarien wird es möglich sein, den beheizten vom bepflanzten Teil so weit zu trennen, dass den Pflanzen warme Wurzeln erspart bleiben, denn die mögen nicht einmal Kakteen. Durch einen mit Silikon eingeklebten Glasstreifen oder Steinriegel im Bodenbereich wird der Pflanzenteil abgegrenzt, damit die

An rauen Hölzern findet ein Krallengecko Halt, an glattem Bambus nicht.

1 Stein

Ein Stein ist nicht nur Dekoration. In einer flachen Delle sammelt sich das Sprühwasser und steht als Trinkwasser längere Zeit zur Verfügung.

2 Hölzer

Hölzer sind im Trockenterrarium nicht nur Raumteiler, Schattenspender und zusätzliche Lauffläche. Darunter lässt sich auch eine Höhle schaffen.

3 Pflanzen

Stachelbewehrte Agaven sind den Echsen aus den Trockengebieten Mittel- und Nordamerikas bekannt. Sie verletzen sich daran nicht mehr.

Pflanzen ausreichend gegossen werden können, ohne dass der Boden durchnässt. Die Pflanzen sollten mit den Töpfen in den Boden eingelassen werden, um sie auswechseln zu können. Geeignete Pflanzenarten für das Trockenterrarium sind zum Beispiel amerikanische Kakteen wie *Mammilaria-* und *Opuntia*-Arten und südafrikanische Dickblattgewächse wie *Crassula-*, *Haworthia-* und *Gasteria*-Arten. Während die Wurzeln der amerikanischen *Echeveria-*Arten leicht faulen und deshalb nur sparsam gegossen werden sollten, benötigen die südafrikanischen *Sansevieria-*Arten etwas mehr Wasser.

Sonnenterrarium

Der Platz an der echten Sonne kommt für nachtaktive Arten natürlich nicht in Frage, wohl aber für die tagaktiven. Wie aber anstellen, sind doch viele dieser Geckos relativ klein und lassen sich wegen ihrer berührungsempfindlichen Haut und der Gefahr der Autotomie (→ Seite 14) nicht ohne Probleme mit der Hand umsetzen.
Wer die Möglichkeit hat, Taggeckos während des Sommers ins Freie zu stellen, sollte von Beginn an seine Terrarien entsprechend planen. Damit die Sonnenstrahlen die Tiere ungehindert vom Glas erreichen, sollten drei oder sogar vier Behälterflächen aus Chromstahlgeflecht bestehen. Um aber in der Wohnung oder bei nicht ganz optimalem Freilandklima eine geschlossene Einheit zu haben, sollten zusätzlich Einschubscheiben vorgesehen sein. Ist mit einer solchen Maßnahme ein Umsetzen empfindlicher Tiere zu vermeiden, ein Freilandaufenthalt aber möglich, werden ungeahnt vitale Taggeckos die zusätzlichen Mühen danken. Geeignet ist der Freiluftaufenthalt bei Temperaturen, die den Angaben in den Porträts (→ Seite 10 bis 13) entsprechen. Sorgen Sie beim Kuraufenthalt auch für schattige Bereiche und kontrollieren Sie regelmäßig die Temperatur im Terrarium!

Fragen rund um die Technik und Einrichtung

? Was muss ich bei der Beheizung des Terrarienbodens bedenken?
Einmal sollten Sie nicht den ganzen Boden beheizen, sondern maximal nur ein Drittel, wenn ein größeres Wasserbecken eingeplant ist, auch den Bereich darunter. Die dann entstehende Verdunstung wirkt sich vorteilhaft auf die Luftfeuchtigkeit im Waldterrarium aus. Bitte denken Sie nicht, die Sonnenstrahlen am Fenster als Heizung zu nutzen, um damit Energie zu sparen! Dadurch wird in einem Terrarium unglaublich schnell eine kritische Temperatur erreicht, die Tiere haben aber keine Möglichkeit auszuweichen. Deshalb ist auch ein Blumenfenster ungeeignet, es sei denn, Sie sorgen für eine Schattierung. Heizmatten und -kabel sollten im Trockenterrarium ebenfalls abgedeckt werden, auch wenn die Bewohner nicht graben.

? Sind alle Steine für die Dekoration geeignet, ich habe nämlich schon einige schöne gesammelt?
Wenn Sie die Steine draußen gefunden haben, können Sie sie verwenden. Glatte, runde Kiesel eignen sich beispielsweise zur Gestaltung eines trockenen Flussbettes. Es lohnt sich, in Steinbrüchen die unterschiedlichen Schichtungen und ihre Formationen anzuschauen, um ein Gespür für Gestein zu bekommen. Danach fällt es Ihnen nicht nur leichter, Steine in einem Terrarium zu formieren, auch der Selbstbau eines Kunstfelsens gelingt dann besser.

? Was muss man außer Gießen noch bei Pflanzen im Terrarium bedenken?
Alle Pflanzen, die zu wenig Licht bekamen oder von Schädlingen befallen sind, müssen aus dem Terrarium genommen werden. In Abhängigkeit von Jahreszeit und Licht können sie bei einer Kur am Fenster oder auf dem Balkon regenerieren. Auch die Anwendung von Pflanzenschutzmitteln geschieht außerhalb des Terrariums,

Verschieden alte Bodengeckos. Die Tiere liegen nur für die Aufnahme zusammen.

weil sie dann gezielter erfolgen kann. Kümmert eine Pflanzenart trotz aller Bemühungen ständig oder ist sie anfällig für gewisse Schädlinge und Krankheiten, sollte sie gegen eine andere Art ausgetauscht werden. Manche Pflanzen sind einfach nicht geeignet für den Einsatz in einem Terrarium.

? Soll man die Ballen der Pflanzen vor wühlenden Geckos schützen?

Im Waldterrarium werden Pflanzen in der Regel nicht beschädigt, wohl aber im Trockenterrarium, wenn Geckos Feuchtigkeit suchen. Damit die Geckos den feuchten Boden nicht gelegentlich als Ruheplatz oder zur Eiablage entdecken, sollten Sie den Boden in den Töpfen mit einem Chromstahl- oder Kunststoffgeflecht abdecken.

? Gelten die geforderten Terrarien-Maße auch für Jungtiere?

Nein. Entspricht die Kopf-Rumpf-Länge der Jungtiere nur der Hälfte der im Porträt angegeben Maße, kann das Beckenmaß zunächst auch nur halb so groß sein, aber sie werden hoffentlich wachsen.

? Nehmen Geckos im Waldterrarium angebotene Eiablageplätze an?

Zierkorkrohr und hohler Bambus, beides nur wenig länger und etwas dicker als die Tiere, wird gelegentlich angenommen. Die Teile sollten flexibel eingebracht werden, dann sind sie mit einem Gelege besser in das Eigefäß zu überführen.

? Können im Regenwaldterrarium auch Orchideen gepflegt werden?

Das ist selbstverständlich möglich. Manche Orchideenarten sind jedoch heikle Pfleglinge und sollten deshalb nur den Pflanzenspezialisten unter den Geckofreunden vorbehalten bleiben.

? Schaden die Kerbtiere und Würmer des Waldbodens wirklich nicht?

Nein, im Gegenteil. Die mit dem Waldboden in das Terrarium eingebrachten Spinnen, Käfer und andere dienen den Geckos als willkommene und gesunde Abwechslung des Nahrungsangebots. Außerdem dienen sie als »Beschäftigungstherapie«, da die Geckos ihnen wie in der Heimat auflauern müssen.

MEINE TIPPS FÜR SIE

Harald Jes

Bei der Einrichtung bedenken

- Im Terrarium sollen nicht unbedingt die gleichen Bedingungen herrschen wie im natürlichen Lebensraum, aber sie müssen gleichwertig sein.
- Ein Trinknapf im Terrarium wirkt oft deplatziert. Als Alternative bietet sich ein zur Einrichtung passender Stein mit Delle an.
- Vor dem Eigenbau von Kunstfelsen am besten Probeteile anfertigen. Sorgfalt ist der Oberfläche zu widmen. Sie soll matt gepudert, aber nicht rau sein.
- Steinaufbauten nie auf Sand türmen, sondern auf dem Behälterboden fixieren. Dafür eignet sich Silikon auf Essigsäurebasis, das im Aquarien- und Terrarienbau gebraucht wird.
- Verwenden Sie Korkplatten, so achten Sie darauf, dass es sich um dampfgepresste und nicht um geklebte Platten handelt. Letztere werden oft mit giftigen Klebern hergestellt.

Eingewöhnungs-Programm

Kauf und Auswahl

Bei einer so unterschiedlich strukturierten Familie wie den Geckos (→ Seite 6) ist es nahe liegend, dass die Voraussetzungen für Haltung und Pflege sehr verschieden sind. Es ist daher sinnvoll, ja notwendig, schon vor der Anschaffung möglichst viel über Herkunft und Bedürfnisse der zukünftigen Pfleglinge in Erfahrung zu bringen.

Ein juveniler Tokeh mit noch gebändertem, sehr schlankem Schwanz.

Erste Informationen erhält man aus einem Fachbuch und in einem gut geführten Zoofachgeschäft mit einer größeren Terrarienabteilung. Sachkundige Mitarbeiter dort werden Sie sicher gern beraten. Entscheidende Hinweise bekommen Sie von Vereinigungen von Terrarianern, die Deutsche Gesellschaft für Herpetologie und Terrarienkunde (DGHT, → Seite 60) wird gern Arbeitsgruppen, Ortsvereine und auch Fachzeitschriften nennen, durch die Sie Experten erreichen. Vom Erfahrungsschatz solch kundiger Terrarianer und Geckofreunde zu profitieren, kann sehr vorteilhaft sein.

Wo kaufen?

Ist ein erster Entschluss gereift, steht wieder das Zoofachgeschäft an oder Sie besuchen eine in der Nähe stattfindende Reptilienbörse. Bringen Sie dabei in Erfahrung, ob angebotene Geckos in einem Terrarium das Licht der Welt erblickten oder im natürlichen Lebensraum gesammelt wurden. Denn beim

CHECKLISTE

Beim Kauf beachten

- ✔ Die Terrarienanlage soll gepflegt aussehen und weitgehend geruchlos sein.
- ✔ Die Terrarien sind mit Thermometer und Hygrometer ausgestattet, sodass die Klimatisierung erkennbar wird. Eine Beschilderung mit Größenangabe und Haltungsbedingungen ist vorhanden.
- ✔ Die Einrichtung entspricht dem Besatz. Sie bietet den Tieren Deckung, lässt aber Beobachtung zu.
- ✔ Die Besatzdichte ist normal, die Tiere zeigen keine Stresserscheinungen.
- ✔ Auf Ihre Fragen nach den Hygienemaßnahmen und den in der letzten Zeit erforderlich gewordenen Behandlungen bekommen Sie klare Antworten. Daraus ersehen Sie, ob die Anlage und die Tiere verantwortungsbewusst gepflegt werden.
- ✔ Zu erwerbende Tiere sollen frei von Schäden (→ Tabelle Seite 41) sein, die die Gesundheit beeinflussen könnten. Ein autotomierter Schwanz oder eine verlorene und gut verheilte Zehe sind Schönheitsfehler und beeinträchtigen die Tiere nicht.
- ✔ Erwerben Sie kein hochträchtiges Weibchen. Die Wahrscheinlichkeit, die Jungen durchzubringen, ist gering.

1 Hemipenestaschen und Sporn

Alle Gecko-Männchen erkennt man an der im Kloakenbereich verdickten Schwanzwurzel und an den Hemipenestaschen. In diesen befindet sich das paarige Begattungsorgan. Das Krallengecko-Männchen (rechts im Bild) trägt beiderseits der Taschen noch einen Sporn, mit dem es vermutlich das Weibchen stimuliert.

2 Femoral- und Präanalporen

Männliche Geckos (Taggecko, rechts im Bild) erkennt man an den erhabenen Femoral- und/oder Präanalporen unterseits der Oberschenkel und oberhalb der Kloake. Diese sondern ein Sekret ab, das vermutlich der Reviermarkierung und während der Paarungszeit der Kommunikation zwischen den Geschlechtern dient.

Fang und dem meist sehr strapaziösen Transport, oft mit möglicherweise mehreren Zwischenstationen, wird den Tieren unglaublich viel zugemutet, was unter Umständen nicht ohne Folgen bleibt. Ideal wären solche Besuche in Begleitung eines erfahrenen Terrarianers, denn gerade auf einer Börse wird nicht selten das schnelle Geld gemacht.

Kauf von Privat/Züchtern: Vorteilhaft für alle Beteiligten, ganz besonders aber für die Geckos, ist in der Regel der Erwerb von einem Halter, der die Tiere schon länger pflegt oder sie aus eigener Vermehrung hat. Dann bekommen Sie nicht nur unvorbelastete Geckos, sondern sicher auch wertvolle Informationen über ihre bisherige Pflege. Zudem werden die Bestände in freier Natur geschont.

Jungtieren direkt aus dem Aufzuchtterrarium eines Terrarianers kann auch das Quarantäneterrarium (→ Seite 42) erspart werden, meist ergeben sich auch aus dem Ortswechsel keine Probleme. Waren die Neuerwerbungen einmal Wildfänge, leben aber schon seit Monaten oder gar Jahren im Terrarium des erfahrenen Halters, kann zwar, besonders bei kleineren Arten, auf eine eigentliche Quarantäne verzichtet werden, nicht aber auf Maßnahmen, die einer solchen ähnlich sind. Dazu gehört auch die am Anfang außerordentlich wichtige Beobachtung der Tiere, um ihr Verhalten kennen zu lernen. Immer wird es hilfreich sein, die Beobachtungen regelmäßig in einem Tagebuch zu notieren, denn dann fallen eventuelle Veränderungen an den Tieren am ehesten auf.

In welchem Alter kaufen?

Juvenile Geckos größerer Arten sollten wenigstens drei bis vier Monate alt sein, kleinere Arten sechs Monate. Meist sind dann Kinderkrankheiten, die während der Embryonalentwicklung und beim Schlupf entstanden, überwunden. Leider lassen sich in diesem Alter die Geschlechter noch nicht sicher feststellen. Wollen Sie sicher gehen, dass Sie wenigstens ein Paar erhalten, dann bleibt nur die Möglichkeit drei bis sechs Jungtiere zu erwerben. Oder Sie vereinbaren mit dem Verkäufer einen Rücktausch. Sind die Jungen dann fast erwachsen und werden die Männchen aggressiv, ist der Bestand auf 1,1 oder 1,X so zu verringern, wie es die Größe des Terrariums zulässt.

Beim Bodengecko sind die Haftpolster nur noch verkümmert ausgebildet.

Geschlechtsdiagnose

Wollen Sie adulte Geckos erwerben, ist es gut, das optimale Geschlechterverhältnis zu kennen (→ Porträts Seite 10 bis 13). Dies hat zunächst einmal nichts mit der Wahrscheinlichkeit irgendwelcher Vermehrungserfolge zu tun, sondern einzig damit, ein weitgehend friedfertiges Verhältnis der gepflegten Tiere erwarten zu können. Gerade mehrere Männchen in einem Terrarium sind nicht ohne Probleme zu halten. Selbst wenn es nicht zu Rivalitäten mit ernstlichen Verletzungen kommt, kann die permanente Dominanz eines Tieres für die Unterlegenen lebensbedrohliche Folgen haben.
Die Geschlechter zu unterscheiden, erfordert schon etwas Übung, sodass wieder einmal Rat und Hilfe eines erfahrenen Terrarianers gefragt sind. Vor allem sollte man Männchen und Weibchen nebeneinander gesehen haben und sich die Unterschiede vergleichend einprägen (→ Fotos Seite 39). Deutlich werden die Unterschiede, wenn Sie die Tiere von unten betrachten. Dabei kommen uns die Geckoarten mit Haftpolstern an den Zehen entgegen, wenn sie an der Scheibe kletternd die Bauchseite präsentieren.
Weitere gelegentlich genannte Methoden der Geschlechtsdiagnose, wie DNA-Analyse, Untersuchung mit einer Sonde oder das Herausmassieren eines Hemipenis, sind bei dieser an sich gut zu differenzierenden Familie nicht nötig. Sie sind außerdem teuer, für das Tier nicht ungefährlich und sollten nur erfahrenen Pflegern vorbehalten bleiben.

Transport nach Hause

Der Weg ins neue Heim erfolgt einzeln verpackt in einer stabilen Kunststoffdose. Für Haftpolster-Geckos ist sie leer, für Geckos mit Krallen enthält sie ein Stück Küchenpapier. Die Dose ist sicherer als der Transport im engen

Leinenbeutel, in dem Geckos schnell ihren Schwanz abwerfen. Dauert der Transport länger als einen Tag, gibt man kleinen Tieren einen angefeuchteten Schwamm in die Dose, aber keine Nahrung. Beim Transport mehrerer Tiere werden die Dosen in einem Styroporkarton, der sowohl vor Unterkühlung wie vor Überhitzung schützt, gut fixiert. Findet der Transport bei kaltem Wetter statt, ist die Temperatur mit einer Wärmflasche zu stabilisieren.

Der baumbewohnende Streifengecko sucht gelegentlich den Boden auf. Diese Art bleibt auch adult relativ schlank.

Gesundheits-Check

Verhalten/Aussehen	So soll es sein
Reaktion der Geckos	Ihr Verhalten ist unauffällig. Die Tiere reagieren aufmerksam und sind jederzeit zur Flucht bereit. Sie wirken vital und wehren sich beim Fangen.
Äußere Erscheinung	Der Ernährungszustand ist gut. Rippen, Wirbelsäule und Beckenknochen sind unauffällig, die Bemuskelung ist normal.
Kopf	Die Augen liegen nicht tief in den Höhlen. Das Maul wird nicht sporadisch aufgerissen; wie die Nasenöffnungen ist es frei von Schaumbläschen.
Haut	Die Haut soll frei sein von Parasiten, das heißt roten und schwarzen Milben sowie Zecken, oder vom staubähnlichen, weißgrauen Kot der Parasiten. Der Gecko soll keine offenen Wunden und abszessartigen Beulen oder Einschnürungen aufweisen.
Kloake und Kot	Sitzt ein Gecko mit Haftpolstern an der Sichtscheibe, die Kloake betrachten: Sie soll frei von Kotresten oder Blutspuren sein. Wird ein Tier gefangen und setzt als Schreckreaktion Kot ab, soll er geformt sein (nicht breiig) und darf nicht penetrant riechen.

Geckos eingewöhnen

Handelt es sich bei der Neuerwerbung um einen Wildfang (→ Seite 45), ist eine Quarantäne von wenigstens sechs Wochen notwendig. Sollte sich eine Erkrankung, Parasiten oder anderes zeigen,

Bambus, ein idealer Sonnenplatz für den Pfauenaugen-Taggecko.

sind Sie und das Tier die Nutznießer dieser Maßnahme, denn es kann dem Gecko schnell und zielgerichtet geholfen werden. Stellt sich nach dieser Zeit heraus, dass das Tier frei von Infektionen ist, die Kotproben negativ, das heißt frei von Parasiten sind und auch auf der Haut keine zu beobachten waren, kann es umgesetzt werden. Sie konnten in diesen Wochen schon viel über das Tier erfahren und befriedigt feststellen, dass Sie den richtigen Weg gewählt haben. Letzteres können Sie erst recht sagen, wenn ein Befall nachgewiesen wurde, denn nun können Sie ohne Zeitverlust dagegen vorgehen. Und das, ohne dass Sie das eingerichtete neue Heim in Anspruch genommen und unter Umständen eine Infektion eingetragen haben.

Quarantäneterrarium

Das Quarantäneterrarium sollte schon vor dem Erwerb neuer Tiere eingerichtet und betriebsbereit sein. Da es nur eine vorübergehende Maßnahme ist, wählen Sie für den Raumbedarf die Hälfte der in den Porträts genannten Größen (→ Seite 10 bis 13), wenn drei Exemplare aus einer gemeinsamen Haltung eingewöhnt werden sollen. Wegen der geringeren Behältergröße sollten Sie jedoch die Tiere auf ihre Verträglichkeit hin genau beobachten und nötigenfalls trennen. Ist nur ein Exemplar einzugewöhnen, genügt ein Viertel der angegebenen Terrariengröße.

TIPP

Vorteile der Quarantäne

- Ein vorhandener Bestand wird vor Infektionen und Parasiten geschützt, die durch Neuzugänge eingetragen werden könnten.
- Bei einem Erstbesatz wird das frisch eingerichtete Terrarium nicht durch infizierte Neuzugänge belastet.
- Die Akzeptanz der Nahrung kann genauer kontrolliert, Ablehnung und Vorlieben besser erkannt werden.
- Folgeschäden durch Fang und Transport sind besser zu erkennen und wenn nötig zu therapieren.

Ist er so zutraulich, darf der Wundergecko ab und an auf die Hand klettern.

Die Einrichtung muss überschaubar sein, den Tieren aber die nötige Deckung bieten. Bei mehreren Tieren braucht jeder Gecko eine eigene Deckung.

➤ Als Bodenbedeckung für Waldbewohner dient eine Moltoprenmatte, die angefeuchtet auch die Luftfeuchtigkeit reguliert. Die verunreinigte Matte wird desinfiziert und dann gründlich gespült.

➤ Geckos für das Trockenterrarium hält man auf Küchenpapier, das rasch ausgewechselt werden kann.

➤ Geckos mit Haftpolstern erhalten Zierkorkröhren oder Eierpaletten, die sich zum Klettern und Verstecken gleichermaßen eignen. Sie sind flexibel und somit leicht zu reinigen oder auszuwechseln.

➤ Bodengeckos erhalten eine Deckung, unter der auch eine Schale mit feuchtem Bodensubstrat Platz findet.

➤ Ein kleines Trinkgefäß beschließt die Einrichtung.

Die zur Klimatisierung erforderliche Ausrüstung wird auch durch die Umgebungstemperatur bestimmt. Tagaktiven Arten geben Reflektorlampen Licht und Wärme. Nachtaktive Tiere erhalten die Wärme durch Elsteinstrahler.

Die Geräte außerhalb des Terrariums mit Abstand installieren, damit eine Berührung sicher ausgeschlossen ist. Bei stark schwankenden Temperaturen ist die technische Einrichtung über Thermostate zu regeln. Grundsätzlich sind die in den Porträts (→ Seite 10 bis 13) genannten Klimadaten auch während der Quarantäne erforderlich.

Trinkwasser wird täglich gesprüht, bei Waldgeckos wird damit auch die Moltoprenmatte angefeuchtet. Im Trockenterrarium muss das Papier aber trocken bleiben.

CHECKLISTE

Das braucht man fürs Quarantäneterrarium

- ✔ Be- und Entlüftung für einen befriedigenden Luftaustausch.
- ✔ Lampen für optimales Licht der Taggeckos. Wärmestrahler, so viele die Geckos benötigen.
- ✔ UV-Strahlung ist nicht erforderlich.
- ✔ Eine Bodenheizung ist nötig, wenn die Raumtemperatur nicht ausreicht.
- ✔ Schnell austauschbare Moltoprenmatten oder Papier als hygienischen Bodenbelag.
- ✔ Eine ruhige Hand für die Arbeit im Terrarium, viel Geduld und Einfühlungsvermögen im Umgang mit den Geckos.

Fragen rund um Kauf und Eingewöhnung

? Werde ich auch als Nichtmitglied von der DGHT beraten?

Die Deutsche Gesellschaft für Herpetologie und Terrarienkunde (DGHT) ist sowohl für Wissenschaftler als auch Liebhaber in der Pflege und Zucht von Amphibien und Reptilien ein Forum für Information, Kommunikation und Publikation und ist auch beratend tätig. Das heißt, Sie können sich auch als Nichtmitglied an die DGHT oder ihre Orts- und Arbeitsgruppen mit Ihren Fragen wenden. Als Halter empfiehlt es sich aber, dort Mitglied zu werden.

? Ein kranker Gecko wurde zum Verkauf angeboten. Lässt sich ein solcher wieder gesund pflegen?

Ich rate dringend ab, ein desolates Tier aus Mitleid zu übernehmen, denn es stellt eine permanente Gefahr für Ihren vorhandenen Bestand dar. Der zeitliche und finanzielle Aufwand für seine Pflege steht meist nicht in Relation zu einem vielleicht möglichen Erfolg. Durch den Kauf solcher Tiere animieren Sie außerdem nur gewissenlose »Züchter«, weiterhin Jungtiere »auf dem Fließband« zu produzieren.

? Was ist eine Reptilienbörse?

Sie wurden ursprünglich ins Leben gerufen, um Jungtiere aus eigener Vermehrung anbieten zu können. Außerdem um Partner zu finden, mit denen man Zuchtgruppen gefährdeter Reptilien aufziehen konnte. Heute sind Reptilienbörsen aber leider nicht selten nur noch kommerzieller Umschlagplatz vieler Terrarientiere und -artikel.

? In einem relativ kleinen Terrarium einer Reptilien-Importfirma sah ich viele Tokehs friedlich zusammen sitzen. Waren die alle gleichen Geschlechts?

Es ist kaum anzunehmen, dass es sich nur um Männchen oder Weibchen handelte. Der Grund des scheinbar friedlichen Zusammenseins ist im äußerst knappen Raum des kleinen Terrariums zu su-

Der Faltengecko benötigt ein Terrarium mit reichlich strukturierter Einrichtung.

chen. Dies verhindert eine Revierbildung und somit gibt es keinen Grund zum Streiten. Sehen Sie dies aber nicht als Lösung für ähnliche Probleme im Heimterrarium an, denn dies ist nicht tiergerecht.

? Ich habe drei Geckos gekauft. Brauche ich für jeden ein eigenes Quarantäneterrarium?

Nicht, wenn sie vorher schon gemeinsam in einem Terrarium gehalten wurden, denn dann sind sie gegebenenfalls von den gleichen Infektionen und Parasiten befallen. In diesem Fall lassen Sie die Kotproben aller drei Tiere zusammen untersuchen. Damit die geringe Menge nicht zu rasch austrocknet und für die Untersuchung unbrauchbar wird, einen Tropfen Wasser darauf träufeln.

? Was ist bei der Desinfektion des Quarantäneterrariums zu beachten?

Eine komplette Desinfektion sollten Sie vermeiden, weil sie mit erheblicher Störung verbunden ist. Stattdessen reicht es, die Exkremente täglich zu entfernen und nur die stark verschmutzten Bereiche mit einer Desinfektionslösung zu reinigen. Eine Komplettdesinfektion wird allerdings notwendig, wenn ein Tier einer Gruppe verendete. Verwenden Sie keine Präparate auf der Basis von Phenolen oder quaternären Ammoniumverbindungen. Lassen Sie sich von Ihrem Tierarzt oder Zoofachhändler beraten.

? Stimmt es, dass Quarantäne heute nicht mehr nötig ist?

Die Ablehnung ist teilweise in Erinnerung an die frühere Primitivität der Quarantänebecken begründet. Bedingt ist sie richtig und kann zutreffen für Tiere aus der Vermehrung eines bekannten Halters. Ist der neu erworbene Gecko jedoch ein erst kürzlich dem natürlichen Lebensraum entnommenes Importtier (Wildfang), dann rate ich, es wenigstens für sechs Wochen in ein Quarantäneterrarium zu setzen. Weil Geckos relativ kleinwüchsige Echsen sind, wäre das Auffinden der oft winzigen Exkremente für eine Untersuchung auf Darmparasiten in einem eingerichteten Terrarium relativ schwierig. Dagegen ist das Sammeln im Quarantänebecken vergleichsweise einfach.

MEINE TIPPS FÜR SIE

Harald Jes

Nötiges Equipment

- Sprühflasche für Pflanzen und Echsen. Werden auch Vitamin-Mineralstoff-Gemische mit dem Trinkwasser versprüht, ist die Düse gelegentlich zu reinigen.
- Kleine Schaufel, Bürste, Schwamm und Lappen, Pinzetten, spitz und abgerundet. Bei mehreren Terrarien sind entsprechend viele Garnituren erforderlich.
- Die üblichen Glasreiniger nur außerhalb des Terrariums versprühen. Im Terrarium nur mit einem angefeuchteten Tuch oder Küchenpapier agieren.
- Ein wirksames Desinfektionspräparat ist nötig, wenn nach einer eingeschleppten Infektion eine gründliche Reinigung ansteht. Diese Präparate werden als Konzentrat angeboten und sind nach Anweisung anzuwenden. Eine Überdosierung gefährdet die Tiere und Sie.
- Muss desinfiziert werden, die Pflanzen und alle saugfähigen Einrichtungsgegenstände entsorgen.

Fit-und-gesund-Programm

Die richtige Ernährung

Reptilien sind poikilotherme Tiere. Das heißt, ihre Körpertemperatur wird in erster Linie von der Umgebungstemperatur bestimmt, sie müssen zur Erhaltung einer bestimmten Bluttemperatur keine Energien »verschwenden«. Auch Geckos benötigen Temperaturen (→ Porträts Seite 10 bis 13), die es ihnen ermöglichen, die aufgenommene Nahrung zu verstoffwechseln, sie also für den körpereigenen Kreislauf zu nutzen. Dies gilt ganz besonders für die Taggeckos.

Taggecko am Naschnapf. Aber nur einmal wöchentlich vier Stunden bieten.

Fleischfresser

Die überwiegende Mehrheit der Geckos ernährt sich von Tierischem, sie sind carnivor (→ Porträts Seite 10 bis 13). Dabei handelt es sich in erster Linie um Insekten und ihre Larven. Meist werden sie im Abonnement vom Versandhandel oder aus dem Zoofachgeschäft bezogen. Weil diese Futtertiere nicht selten schon über Tage unversorgt in der Verpackung lebten, sollten Sie sie nicht direkt aus dem Transportbehälter verfüttern, sondern zunächst mit Futter wieder optimieren. Gezüchtete Futtertiere sind ebenfalls durch ein Ergänzungsfutter zu verbessern.

Allesfresser

Diese Form der Ernährung wird omnivor genannt. Bei den Geckos ist jedoch der pflanzliche Anteil nur selten zu verabreichen (→ Porträts Seite 10 bis 13). Neben einigen Arten aus Neukaledonien, die Obst gern annehmen, sind es besonders die Taggeckos *(Phelsuma)*, die gern Blüten-, Frucht- und Baumsäfte naschen. Es wäre aber falsch, sie überwiegend oder gar ausschließlich mit überreifem Obst, Honig oder Kindernahrung zu versorgen, nur weil diese einfacher zu beschaffen sind. Durch ihren hohen Gehalt an Fruchtzucker sind sie wahre »Kohlenhydratbomben«, die den Geckos nur ein frühes, fettreiches Ende bescheren! Außer im Fall einer Rekonvaleszenz müssen diese eine Nascherei bleiben, die Sie nur einmal wöchentlich anbieten dürfen.

Vitamine und Mineralstoffe

Vitamine sind für viele Vorgänge im Körper lebensnotwendig. Weil sie von den Geckos nicht oder nur unzureichend gebildet werden können, müssen sie als Pulver (→ Tabelle) über das Futter gestreut mit dem Futter aufgenommen werden. Vitamine sind an vielen Stoffwechselvorgängen im Körper beteiligt, zum Beispiel:

- Vitamin A an der Häutung und am Sehvorgang,
- Vitamine der B-Gruppe am Umsatz von Eiweißen; sie beeinflussen Zellteilung und Nervenzellen,
- Vitamin C für die Abwehr von Infektionskrankheiten,
- Vitamine der D-Gruppe am Aufbau des Skeletts,
- Vitamin E für Muskulatur und Eiablage.

Das Trinkwasser lässt sich – ob versprüht oder im Napf – mit wasserlöslichen Vitamin-Mineralstoff-Präparaten optimieren.

Wichtige Regeln für die Fütterung

Lebende Insekten	Um das rechte Maß zu wahren, sollten Sie unter normalen Voraussetzungen nicht täglich, sondern nur zwei- bis dreimal pro Woche füttern. Achten Sie darauf, dass Sie nicht zu viel verabreichen.
Das schädliche Zuviel	Unter Aufsicht nur so viel verabreichen, wie direkt aufgenommen wird. Jedes Futtertier mehr verkriecht sich in der Dekoration, beschädigt Pflanzen und weichschalige Eier und sorgt zum Leidwesen aller Mitbewohner für Unruhe.
Das rechte Maß	Wie viele Insekten zu verfüttern sind, hängt von den einzelnen Tieren ab. Wer seine Pfleglinge bei der Nahrungsaufnahme aber ständig aufmerksam beobachtet, weiß um den Moment, an dem der Pflegling noch genau ein Insekt nehmen würde – und das bekommt er nicht mehr!
Der wichtige Zusatz	Vor dem Verfüttern kommen die Insekten in eine Dose, in die eine Prise eines Vitamin-Mineralstoff-Gemisches (vom Tierarzt empfohlen) gegeben wurde. Wird die Dose dann geschüttelt, bleibt ein Teil des Präparats an den Insekten haften. Direkt danach verfüttert, erhalten die Geckos völlig zwanglos für sie wichtige Aufbaustoffe. Für Wiesenplankton ist der Zusatz nicht erforderlich.

Mineralstoffe sind in der von uns angebotenen Nahrung nur unzureichend vorhanden und müssen ergänzt werden. Auch sie sind am Stoffwechsel beteiligt, zum Beispiel:

- Kalzium, Magnesium, Kalium und Phosphor am Knochen-, Ei- und Zahnaufbau,
- die Spurenelemente Eisen, Jod, Fluor und Selen bei der Bildung von Enzymen und Hormonen.

Wanderheuschrecken sind ein geeignetes Futter für große Geckoarten.

Der reptilienkundige Tierarzt wird gern über die Anwendung und den Bezug von Stoffwechsel- und Aufbaupräparaten beraten.

Zucht von Futtertieren

Die Eigenproduktion von Futtertieren ist nicht ganz einfach, sie hat aber den Vorteil, dass der Terrarianer durch überlegte Haltung seiner Zuchten die Qualität des Futters verbessern kann. Besonderes Augenmerk sollten Sie auf den Zuchtbehälter richten, der mit einem exakt schließenden Deckel aus Chromstahlgeflecht auszustatten ist. Auch im Umgang mit den Insekten ist Sorgfalt geboten, denn einmal entwichen, nisten sie sich bald in der Wohnung ein.

Heimchen (18 bis 25 Millimeter lang) oder **Zweipunktgrillen** (35 bis 40 Millimeter lang) sind wichtige Futtertiere für Geckos, ihre Zucht soll deshalb ausführlicher dargestellt werden. Die sehr vermehrungsfreudigen Insekten lassen sich gut in einem ausgedienten Aquarium pflegen (wie Sie dieses ausbruchsicher machen, → Seite 56).

- Den Boden bedeckt eine dünne Sandschicht, mehrere Eikartons stapeln Sie als Deckung und Tummelplatz.
- Für die Eiablage dient ein Kunststoffbehälter im Aquarium, ca. 10 x 10 x 6 Zentimeter groß, der mit einem Torf-Sand-Gemisch gefüllt ist. Diese so genannte Legeschale kann für längere Zeit im Aquarium bleiben. Es werden dadurch diverse, zeitlich unterschiedliche Gelege abgesetzt und ebenso unterschiedliche Altersgruppen der Futtertiere aufgezogen.
- Benötigen Sie regelmäßig junge Heimchen oder Grillen, überführen Sie die Legeschale

TIPP

Den Kescher vorbereiten

Um Wiesenplankton zu fangen, brauchen Sie einen Kescher von 30 bis 40 Zentimeter Kantenlänge. Bespannen Sie ihn mit einem konisch zugeschnittenen Plastikbeutel. An das Ende des Beutels kleben Sie den Schraubverschluss einer kleineren Kunststoffflasche, in den Sie ein Loch geschnitten haben. An das Gewinde lässt sich die Flasche bei Gebrauch leicht an- und abschrauben. Das Plastik ist hilfreich, denn die gesammelte Insektenausbeute lässt sich vom Plastik leichter in die Flasche schütteln als von Stoff.

1 Anschleichen

Ein Leopardgecko schleicht sich an ein Heimchen. Dabei bewegt er sich im Zeitlupentempo, um das Insekt nicht zu verjagen. Nur der aufgeregt zuckende Schwanz bewegt sich, ist aber vom Insekt aus nicht sichtbar. Nachtaktive Insekten lebend einzeln anbieten, weil Flüchtende sich verstecken und unerreichbar bleiben.

2 Fressen

Sobald der Gecko dem Insekt nahe genug ist, schnappt er schnell zu und verzehrt es fast immer kopfvoran. Die Nahrung wird nicht gekaut – dafür sind die Zähne nicht geeignet –, wohl aber gequetscht, damit sie die Speiseröhre passieren kann. Unterschiedliche Futterinsekten sind durch ihre verschiedenen Darminhalte wertvoll.

wöchentlich aus dem Zucht- in einen Aufzuchtbehälter, in dem die Jungen schlüpfen, heranwachsen und dann in etwa gleich großen Jugendstadien zur Verfügung stehen. Damit die Eientwicklung erfolgen kann, sind die Legeschalen erdfeucht zu halten.

Ernährung der Futtertiere: Als Feuchtnahrung dienen Äpfel, Birnen und Möhren, aber auch Wildkräuter, als Trockenfutter Hundeflocken und Trockenfutter für Aquarienfische. Sehr zu empfehlen ist zum Beispiel ein Vitamin-Mineralstoff-Futter eigener Produktion: Dazu vermengen Sie eingeweichte Mäusepellets mit einem Vitamin-Mineralstoff-Präparat zu einer Paste. Diese bieten Sie in einer kleinen Schale ständig an. Als Tränke eignet sich eine kleine Schale, in der ein Schwamm liegt, damit kleine Grillen nicht ertrinken. Erforderlich ist eine Temperatur von 22 bis 25 °C, am produktivsten ist die Futtertierzucht allerdings bei 28 bis 30 °C. Wichtig ist ein absolut trockener Behälterboden, denn Feuchtigkeit führt zu Fäulnis und Pilzbildung.

Wiesenplankton

Als Wiesenplankton werden Insekten und Spinnentiere bezeichnet, die sich mit einem über krautige Wiesen und Feldraine gestreiften Kescher erbeuten lassen. Wie Sie den Kescher vorbereiten, → Tipp links. Wichtig ist die Beachtung der Naturschutzverordnungen und der örtlich ausgewiesenen Schutzgebiete, in denen nicht gesammelt werden darf. Entsprechende Informationen erhalten Sie in Gemeinde- und Forstverwaltungen oder bei Naturschutzorganisationen.

Einmaleins der Pflege

Schmusen, Spielen, Körperpflege ist bei Geckos nicht gefragt, ihnen »genügt« es, wenn man sie aufmerksam beobachtet und die Schlussfolgerungen der Beobachtungen als sinnvolle Maßnahmen in die Pflege einfließen lässt.

Tägliche Routine

➤ Auswechseln von Trink- und Futterschalen.

➤ Entfernen von Kot und anderem Schmutz auf Scheiben, Pflanzen und Dekoration mit einem feuchten Schwamm ohne Desinfektionsmittel, sonst mit der Schaufel.

➤ Alle Gerätschaften nach Gebrauch gründlich reinigen, bei einer Infektion im Bestand auch desinfizieren.

➤ Geräte regelmäßig warten und bei Bedarf auswechseln.

➤ Temperatur und Luftfeuchtigkeit kontrollieren.

Das Besprühen der Pflanzen ist im Waldterrarium gleichzeitig das Tränken der Tiere. Es sollte immer am Anfang der Lichtphase geschehen. Erhält dabei das Bodensubstrat nicht genügend Feuchtigkeit, ist partiell nachzugießen. Im Trockenterrarium werden morgens nur die Steine besprüht, denn hier hält sich Wasser als Trinkwasser am längsten, besonders in Dellen. Sind solche nicht vorhanden, behelfen Sie sich mit einem kleinen Trinkgefäß. Der Sandboden wird nicht besprüht, wohl aber das Substrat in der feuchten Höhle. Arbeiten am geöffneten Terrarium erfordern besondere Aufmerksamkeit bei Geckos mit Haftpolstern, da sie unglaublich schnell die geöffnete Scheibe erkennen und das Weite suchen. Bedenken Sie dies und öffnen Sie das Sonnenterrarium bei Bedarf nur im Haus.

Ein Wundergecko leckt züngelnd seine Lippen. Ist er erregt, kann er mit den relativ großen Schwanzschuppen rasseln.

Fangen und fixieren

Gelegentlich wird es notwendig, einen Gecko zu greifen, um zum Beispiel ein Medikament zu verabreichen oder Hautreste zu entfernen. Die meisten Geckos sind so groß, dass sie gut mit einer Hand gegriffen und fixiert werden können. Schnell und gezielt

Zwangsernährung: Wenn der Gecko das Maul nicht drohend sperrt, muss er mit dem Insekt an der Pinzette gereizt werden.

fassen Daumen und Zeigefinger von oben wie eine Pinzette hinter den Kopf und fixieren ihn. Gelingt es, die Echse dann direkt aufzunehmen, fassen die drei freien Finger unter den Bauch und fixieren auch die Extremitäten. Das Tier liegt in der geschlossenen Hand wie in einem Rohr. Um Zappeln zu verhindern, üben Sie mit der Hand einen gefühlvollen, aber kräftigen Druck auf das Tier aus. Den Schwanz dabei ebenfalls umfassen, denn wenn er in Bewegung kommt, könnte er abgeworfen werden.
Das richtige Halten ist wichtig, denn unter den Geckos gibt es einige, die sich so in der Hand winden, dass sich eine größere Hautpartie ablöst und die Muskulatur frei liegt. Lassen Sie sich durch eine solche großflächige Blöße nicht erschrecken. Schnelles Handeln kann den Schaden minimieren. Spannen Sie mit einer kleinen Pinzette die zusammengeschobene Haut wieder über die Blöße und drücken sie leicht an. Es muss aber sofort und ohne Medikamente oder desinfizierende Präparate geschehen, dann ist, bis auf eine feine Naht, in wenigen Tagen vom Schaden nichts mehr wahrzunehmen.

Direkt füttern

Sinnvoll ist ein Füttern unter Aufsicht, denn nur so kann sich kein Futtertier in der Dekoration verstecken und für Unruhe sorgen – zusätzlich zur Kontrolle der Futtermenge. Kommt etwa ein Bodengecko aus seiner Höhle, um zu fressen, werfen Sie ihm die lebenden Insekten einzeln vor. Irgendwann nimmt er sie von der Pinzette, später auch die abgetöteten. In einem Waldterrarium ist es nicht so einfach, zumal hier die Insekten viele Verstecke finden. Nachtaktive Geckos werden die Futtertiere wahrscheinlich irgendwann aufspüren. Bei den tagaktiven Arten (*Phelsuma*) kann damit nicht gerechnet werden. Daher hier gezielter füttern.

TIPP

Pseudo-Winterruhe

Geckos aus Lebensräumen, in denen es zeitweilig kühler wird, ziehen sich dann kurzfristig zu einer Ruhephase zurück. In dieser Zeit

- die Beheizung im Terrarium nicht einschalten. Steht es in einem Wohnraum, besser einen kühleren Ort (15 bis 18 °C) wählen.
- die Beleuchtung auf 10 Stunden täglich reduzieren.
- nicht füttern.
- auf Feuchtigkeit in der Höhle achten!

Gesundheitsvorsorge

Fürsorge ist Vorsorge – und die beginnt mit einer sachkundigen und artgerechten Haltung. Leider gilt dies nicht immer für Reptilien in menschlicher Obhut. Insbesondere auf dem Weg von ihrer Heimat in Ihr Terrarium haben die Geckos oft keine optimalen Voraussetzungen vorgefunden. Das müssen Sie jetzt besser machen.

Die unterschiedlich großen Schuppen des Taggeckos sind parasitenfrei.

Der richtige Tierarzt

Vorausschauend sollte schon bald ein reptilienkundiger Tierarzt ermittelt werden und nicht erst, wenn ein Krankheitsfall es nötig macht. Bei der Suche hilft die DGHT (→ Seite 60), der Zoofachhandel oder ein anderer Terrarianer. Der durch Aus- und Fortbildung entsprechend geschulte reptilienkundige Tierarzt ist ein wichtiger Begleiter von der ersten Konsultation an, meist der ersten Kotuntersuchung. Diese wird der Veterinär selbst durchführen oder aber den Versand an eine der Untersuchungsstellen veranlassen (→ Seite 60). Sobald die Befunde vorliegen, wird er entsprechende Präparate und weitere Maßnahmen empfehlen, zum Beispiel die Untersuchung späterer Proben. Dem Tierarzt ist es auch vorbehalten, Injektionen und chirurgische Eingriffe vorzunehmen, er wird Medikamente und Aufbaupräparate empfehlen und Sie bei deren Anwendung beraten. Auch das Verabreichen der Medikamente wird er Ihnen zeigen.

Ergänzung zur Tabelle

Die auf Seite 55 tabellarisch gelisteten krankhaften Veränderungen sollen zunächst helfen, einige der gelegentlich auftretenden Veränderungen erkennen zu können. Die wahrscheinliche »Ursache« der sichtbaren »Krankhaften Veränderungen« offenbart in einigen Fällen, dass der Pfleger nicht unschuldig daran ist. »Was ist zu tun?« gibt Hinweise auch auf Fehler bei Haltung und Technik. Dringend ist die wahre Ursache zu ermitteln und abzustellen. Das soll nicht heißen, dass Sie an den Tieren »herumdoktern«. Für Diagnose und Therapie ist Ihr reptilienkundiger Tierarzt zuständig. Er wird anschließend gern bereit sein, weitere Anwendungen auf den Pfleger zu übertragen.
Wichtig: Schwarze und rote Milben, aber auch linsenförmige Zecken stellen bei Geckos ein Problem dar, weil sie auf Präparate, die von anderen Echsen gut akzeptiert werden, empfindlich reagieren. Fragen Sie den Veterinär nach neuen Erkenntnissen.

Krankheiten erkennen und behandeln

Krankhafte Veränderung	Ursache	Was ist zu tun?
Tränen, Schwellungen der Augen	Entzündung durch UV- oder Heizlampen	Bald zum Tierarzt! Technik prüfen
Faltige, trockene Haut und Schleimhäute	Wasser-/Elektrolytverlust als Transportfolge, Stoffwechselstörung	Bald zum Tierarzt! Haltung überprüfen
Abmagerung von einem Exemplar der Gruppe	Folge von Rangordnungskämpfen	Verhalten beobachten und gegebenenfalls trennen
Schwellungen beidseitig hinter den Ohröffnungen	Kalksäckchen überdimensioniert, (→ Seite 57) Stoffwechselstörung	Vitamin-und Mineralstoffversorgung überprüfen
Eintrocknen der Schwanzspitze	Nekrose	Bald zum Tierarzt! Einschnürungen verhindern
Ein Gecko mit Haftpolstern kann glatte Gegenstände nicht mehr erklettern	Häutungsreste an den Haftpolstern verhindern die Haftung	Tier auf feuchter Moltoprenmatte laufen lassen, später aufgeweichte Reste entfernen, Haltung überprüfen, vor allem die Luftfeuchtigkeit
Zittern von Gliedern, Rumpf und Schwanz	Muskelzittern durch Vitamin B_1-Mangel	Bald zum Tierarzt! Vitamin B_1 verabreichen
Schwarze und rote Parasiten auf der Haut	Milben und ihre Larven	Bald zum Tierarzt! Vorsicht bei Anwendung irgendwelcher Präparate (→ links)
Hochträchtiges Weibchen ist kränkelnd und schwach	Legenot	Bald zum Tierarzt! Kann durch Störung entstehen, deshalb eitragende Weibchen nicht durch Ungewöhnliches stören, rechtzeitig alle Haltungsparameter überprüfen
Verändertes, weiches Skelett	Rachitis, Stoffwechselstörung	Bald zum Tierarzt! Klima, Ernährung, Vitamin-und Mineralstoffversorgung überprüfen
Knickschwanz (→ Seite 57)	Fehlstellung, Knick an der Schwanzwurzel	Nahrung prüfen, Menge reduzieren
Kot blutig und breiig-dünn, Kloake gerötet, schmierig	Entzündung im Verdauungstrakt	Bald zum Tierarzt! Kot untersuchen lassen

Fragen rund um die Pflege und Gesunderhaltung

? Sind Mehlwürmer, Zophobas- und Wachsmottenlarven als Geckofutter geeignet?

Die Larven sind preiswert und fast überall erhältlich und doch sind sie kein ideales Futter. Auf Grund ihres hohen Fett- und Eiweißgehalts sind sie richtige »Dickmacher«, außerdem ist das Verhältnis Kalzium zu Phosphor außerordentlich ungünstig. Nur wenn es zu einem wirklichen Versorgungsengpass kommt oder ein genesender Gecko zunehmen soll, ist ein kurzfristiges, aber fast geiziges Anbieten denkbar.

? Was ist zu tun, damit Heimchen und Zweipunktgrillen nicht aus dem Zuchtbehälter entkommen?

Besondere Sorgfalt müssen Sie beim Abräumen von Futterresten und beim Wechsel der Legeschalen walten lassen, um zu verhindern, dass Junggrillen daran oder darin sind und frei kommen. Vorsichtshalber sollten Sie alle Abfälle abbrühen! Wenn nicht schon vorhanden, sollten Sie am oberen Rand des Zuchtbehälters einen nach innen überstehenden, fünf bis sieben Zentimeter breiten Rand aus Plastik aufkleben.

? Stimmt es, dass Terrarianer häufig zu reichlich füttern?

Erfahrene Geckopfleger berichten nach Überseeaufenthalten immer wieder, dass die von ihnen beobachteten Echsen deutlich schlanker als die Terrarienpopulationen sind. Bei dem draußen vorkommenden, relativ geringen Angebot und dem gleichzeitig großen Energieaufwand des Beutefangs ist das eigentlich kein Wunder.

? Lohnen sich auch noch andere Insekten als Futtertierzucht?

Als Futterinsekten sind noch Wander- und Stabheuschrecken, manche Schaben, Frucht- und Stubenfliegen ebenfalls zur Eigenproduktion zu empfehlen. Die Haltung der als Nahrung gedachten Insekten kann darüber hinaus sehr interessant sein.

Für juvenile Streifen-Taggeckos sind Blattläuse auf Blättern eine Abwechslung.

Leider ist für den einzelnen Terrarianer nicht alles möglich, vielleicht aber in einem Team mit anderen umsetzbar (→ Bücher Seite 60).

Welchen Vorteil hat Wiesenplankton gegenüber Futtertierzuchten?

Die Beschaffung des Wiesenplanktons ist zwar mit Umständen verbunden, die sollte man aber auf sich nehmen, denn es enthält eine durch Futtertierzuchten nie zu erreichende Nährstoffvielfalt. Sie ist nicht zuletzt auch das Ergebnis der saisonabhängig unterschiedlichen Ernährung und der verschiedenartigen Darminhalte der gesammelten Beute. Achten Sie aber darauf, dass Sie das Wiesenplankton auf Brachen abseits von Straßen und nicht auf Kulturflächen sammeln. Wo Insektizide oder Herbizide versprüht wurden, gibt es kaum noch Insekten.

Gibt es einen Trick, wie man für eine notwendige Zwangsfütterung das Maul des Geckos öffnet?

Für eine Zwangsfütterung müssen Sie den Gecko mit der Hand greifen und fixieren. Oft droht er dann schon mit geöffnetem Maul, und Sie können den Futterhappen in den Rachen schieben. Droht der Gecko nicht auf die beschriebene Weise, dann tupfen Sie ihm mit dem von der Pinzette gehaltenen Futter auf das Maul und reizen ihn so zum Sperren (→ Seite 53).

Wie entsteht ein Knickschwanz?

Der als Fettreservoir dienende Schwanz vieler Geckos wird im Terrarium durch intensives Füttern oft zu massig. Wenn das bei einem Taggecko geschieht, der ja oft mit dem Kopf nach unten an einem Stamm ruht, neigt sich der übergewichtige Schwanz mit der Zeit rückenwärts. Die Muskulatur erschlafft und bringt den Schwanz nicht mehr in die normale Position.

Wie entstehen überdimensionierte Kalksäckchen?

Hinter den Ohröffnungen gibt es Depots mit Kalziumkarbonat, das während der Eibildung resorbiert wird. Bei einer Stoffwechselstörung, einem Überangebot von Vitamin D und Kalzium, entsteht die chronische Anhäufung von Kalziumkarbonat.

MEINE TIPPS FÜR SIE

Harald Jes

Pflege im Urlaub

- Für die Zeit des Urlaubs eine zuverlässige Vertretung suchen, die jeden zweiten Tag kontrolliert und, wenn nötig, Kleinigkeiten korrigiert.
- Einen Plan erstellen und die Vertretung gründlich einweisen. Das Verhalten der Geckos erklären, damit der Vertretung Auffälligkeiten bewusst werden. Auf das ausgeprägte Fluchtverhalten aufmerksam machen. Das Sprühen im Terrarium erläutern, zu wenig wie zu viel kann unangenehme Folgen haben.
- Schalter und Stecker überschaubar anordnen und kennzeichnen. Reflektorlampen reduzieren.
- Durch Absenken der Temperaturen um 5 °C entsteht eine Pseudo-Ruhezeit. Gut eingewöhnte Tiere können dann problemlos 2 Wochen fasten, daher Füttern nur als Ausnahme.
- Urlaubsadresse/Telefon und Adresse/Telefon des Tierarztes hinterlassen.

Adressen

Verbände/Vereine

➤ Deutsche Gesellschaft für Herpetologie und Terrarienkunde e. V. (DGHT), Geschäftsstelle: Wormersdorfer Str. 46–48, 53359 Rheinbach, www.dght.de

➤ Verband Deutscher Vereine für Aquarien- und Terrarienkunde e. V. (VDA), Geschäftsstelle: Hans Stiller, Luxemburger Str. 16, 44789 Bochum, www.vda-online.de

➤ Österreichischer Landesverband für Vivaristik und Ökologie (ÖVVÖ), Franz Scherleitner, Raiffeisengasse 19, A-7201 Neudörfl, www.oevvoe.at

Untersuchungsstellen

➤ GeVo Diagnostik, Gesellschaft für medizinische und biologische Untersuchungen mbH, Jakobstr. 65, 70794 Filderstadt, www.gevo-diagnostik.de

➤ Institut für Zoologie, Fischereibiologie und Fischkrankheiten der Tierärztlichen Fakultät LMU München, Kaulbachstraße 37, 80539 München, www.vetmed.uni-muenchen.de/zoofisch

➤ Poliklinik für Vogel- und Reptilienkrankheiten, Universität Leipzig, An den Tierkliniken 17, 04103 Leipzig

Geckos im Internet

Auskünfte speziell zu aktuellen Arten- und Naturschutzfragen:

➤ www.bfn.de

Verhalten, Tierärzte, Artenschutz, Haltungsvorschriften:

➤ www.geckos.de

➤ www.phelsuma.de

➤ www.terrartistik.com

Fragen zur Haltung beantworten

Ihr Zoofachhändler und der Zentralverband Zoologischer Fachbetriebe Deutschlands e. V. (ZZF), Rheinstr. 35, 63225 Langen, Tel. 0 61 03 / 91 07 32 (nur telefonische Auskunft möglich), www.zzf.de

AN UNSERE LESER

➤ Die in diesem Buch beschriebenen elektrischen Geräte für die Terrarienpflege müssen mit dem gültigen TÜV-Zeichen versehen sein.

➤ Beachten Sie bitte die Gefahren im Umgang mit elektrischen Geräten und Leitungen, insbesondere in Verbindung mit Wasser.

➤ Die Anschaffung eines elektronischen Fehlstrom-Überwachungsgerätes oder Fehlstrom-Schutzschalters ist empfehlenswert.

Bücher

➤ Friederich, U./Volland, W.: Futtertierzucht. Ulmer Verlag, Stuttgart

➤ Hallmann, G./et al.: Faszinierende Taggeckos. Die Gattung Phelsuma. Natur und Tier Verlag, Münster

Zeitschriften

➤ DATZ. Aquarien- und Terrarien-Zeitschrift. Ulmer Verlag, Stuttgart

➤ Salamandra und elaphe. Zeitschrift für Herpetologie und Terrarienkunde. Hrsg. DGHT (→ Adressen)

➤ Herpetofauna. Zeitschrift für Amphibien- und Reptilienkunde. Herpetofauna Verlag, Weinstadt

➤ REPTILIA und DRACO. Natur und Tier Verlag, Münster

Dank

Wir danken Zoo Steffen, Warburg, für die fachliche Beratung und Alvis Sicken, Holtheim, für die Assistenz bei der Fotoproduktion.

Der Autor

Harald Jes war 26 Jahre Leiter des Kölner Aquariums am Zoo, an dessen Aufbau und Entwicklung er maßgeblich mitgewirkt hat. Er befasst sich seit 50 Jahren mit der Haltung und Vermehrung von Reptilien. Auch als Ausbilder und Prüfer zum Beruf des Tierpflegers war er tätig.

Die Fotografin

Christine Steimer arbeitet als freie Fotografin und hat sich erfolgreich auf die Heim- und Haustierfotografie spezialisiert. Alle Fotos stammen von ihr, mit Ausnahme von: Kahl: Seite 4/5, 6, 11 mi., 24; König: Seite 13 mi., 28; Reinhard: Seite 29; Ziehm: Autorenfoto

Impressum

Redaktion: Judith Starck
Lektorat: Angelika Lang
Layout: independent Medien-Design, München
Satz: Uhl + Massopust, Aalen
Produktion: Bettina Häfele
Repro: Fotolito Longo, Bozen
Druck und Bindung: Kaufmann, Lahr
Printed in Germany
ISBN 3-7742-5666-7

Auflage	4.	3.	2.	1.
Jahr	2007	06	05	04

GRÄFE UND UNZER

Ein Unternehmen der
GANSKE VERLAGSGRUPPE

> GU-Experten-Service

Haben Sie Fragen zu Haltung und Pflege? Dann schreiben Sie uns (bitte Adresse angeben). Unser Experte Harald Jes hilft Ihnen gern weiter. Unsere Adresse finden Sie rechts.

DAS ORIGINAL · GU · MIT GARANTIE

Das Original mit Garantie

Ihre Meinung ist uns wichtig. Deshalb möchten wir Ihre Kritik, gerne aber auch Ihr Lob erfahren. Um als führender Ratgeberverlag für Sie noch besser zu werden. Darum: Schreiben Sie uns! Wir freuen uns auf Ihre Post und wünschen Ihnen viel Spaß mit Ihrem GU-Ratgeber.

Unsere Garantie: Sollte ein GU-Ratgeber einmal einen Fehler enthalten, schicken Sie uns das Buch mit einem kleinen Hinweis und der Quittung innerhalb von sechs Monaten nach dem Kauf zurück. Wir tauschen Ihnen den GU-Ratgeber gegen einen anderen zum gleichen oder ähnlichen Thema um.

Ihr Gräfe und Unzer Verlag
Redaktion Haus & Garten
Stichwort: Tierratgeber
Postfach 86 03 25
81630 München
Fax: 0 89/41 98 1-1 13
E-Mail:
leserservice@
graefe-und-unzer.de

Meine Geckos

Namen: ____________________

So fütterе ich sie:

____

____

Ihre Lieblingsbeschäftigung:

____

____

So wollen sie gepflegt werden:

____

____

Das sind ihre Eigenheiten:

____

____

Besondere Kennzeichen:

____

____

Das ist ihr Tierarzt:

____

____

GU TIERRATGEBER

damit es Ihrem Heimtier gut geht

ISBN 3-7742-5765-5
64 Seiten | € 7,90 [D]

ISBN 3-7742-5664-0
64 Seiten | € 7,90 [D]

ISBN 3-7742-5768-X
64 Seiten | € 7,90 [D]

ISBN 3-7742-5588-1
64 Seiten | € 7,90 [D]

ISBN 3-7742-5764-7
64 Seiten | € 7,90 [D]

Tierisch gut! Die Welt der Heimtiere entdecken und alles erfahren, was man schon immer über sie wissen wollte. So klappt das Miteinander von Anfang an – mit Wohlfühl-Garantie fürs Tier.

WEITERE LIEFERBARE TITEL BEI GU:

- GU TIERRATGEBER: **Echsen, Das Aquarium, Das Terrarium, Schildkröten, Schlangen, Vogelspinnen**

GU

Gutgemacht. Gutgelaunt.

Änderungen und Irrtum vorbehalten.

1

SÜSSRATION

Bei Taggeckos sehr beliebt sind süße Blüten- und **Fruchtsäfte**, die sie in natürlichen Lebensräumen aber nur sporadisch finden. Im Terrarium darf eine solche kohlenhydratreiche, ballaststoffarme Kost auch nur sporadisch geboten werden. Einmal wöchentlich für **maximal vier Stunden** ist genug.

Wohlfühl-Garantie für Geckos

4

OPTIMALES KLIMA

Erfolgreiche Pflege gelingt nur mit einer **exakten Klimatisierung**. Schaltuhren, Messinstrumente, Steuer- und Regelgeräte sind technisch relativ ausgereift und betriebssicher. Denken Sie bitte daran, dass alle Hilfsmittel nur so funktionsfähig sind, wie sie **regelmäßig überprüft** und gewartet werden.

7

WASSER AUS FETT

Bei Geckos aus Gebieten mit langen Trockenzeiten liefert das **Schwanzfett** bei der Verstoffwechselung Wasser, das dem Erhalt der Körperflüssigkeit dient. Am Schwanzvolumen kann man den **Ernährungszustand** erkennen und wenn nötig eine Fastenkur verordnen.

8

WOHLFÜHLTEMPERATUR

Geckos wollen es nicht nur **warm** am Tage, um die Nahrung optimal verdauen zu können, oder **kühl** in der Nacht, um erholsam zu regenerieren. Sie brauchen unbedingt Bereiche mit für jede Art typischen Temperaturspannen, die sie zur freien Wahl aufsuchen können.